陳夔龍——原著・蔡登山——主編

夢蕉亭雜記

晚清重臣

# 陳夔龍回憶錄

# 導讀　晚清重臣陳夔龍和《夢蕉亭雜記》

蔡登山

陳夔龍（一八五七－一九四八），字筱石，號庸庵，別署庸庵居士。原籍江西撫州，其父陳欣煜任過貴州青溪、龍里、普安縣令，遂占籍貴州省貴陽人。八歲時喪父，家境日貧，賴其母姜氏撫養成人，同治十一年（一八七二）年十六，中取秀才。光緒元年（一八七五）乙亥恩科考取貴州鄉試舉人第一名，之後累次科考皆不中。光緒十年（一八八四）曾為四川總督丁寶楨的幕僚。光緒十二年（一八八六）中丙戌科進士，同榜進士有徐世昌、楊士驤、馮煦、宋育仁、王樹枏、陳三立、趙以炯諸人。陳夔龍殿試係三甲（是殿試中榜進士中的末等即三等，賜「同進士出身」），不得入翰苑，僅授兵部主事。所有部門中，兵部最為清苦，且難有補缺晉升的機會，陳夔龍乃在兵部待了十年之久。

直到光緒二十二年（一八九六）五月，因有人參奏在天津小站練兵的袁世凱嗜殺無辜，兵部尚書榮祿奉旨查辦，陳夔龍作為隨員一同前往天津。查辦的結果是袁世凱深得榮祿的賞識，被保了下來，袁世凱自此成了榮祿的親信。而陳夔龍辦事恭謹，榮祿對他也青眼有加。榮祿善相術，曾對他說：「觀君之骨相氣色，五年內，必有非常之遇。」此雖是榮祿閒暇之談，但其實已經暗寓提攜之意。不久陳夔龍已升至郎中，兼任總理衙門章京，官至正五品。光緒二十四年（一八九八）六月，已任直隸總督兼北洋大臣的榮祿奏調陳夔龍到北洋任職，總理衙門大臣李鴻章卻極力挽留陳，在徵得榮祿的同意後，陳夔龍仍留在總理衙門任職，且深得李鴻章賞識。不久，陳夔龍由兵部侍郎升為內閣侍讀學士，已官至四品。

光緒二十六年（一九〇〇）五月順天府尹出缺，得兵部尚書黃祿保舉，陳夔龍遷順天府丞，旋署府尹，官至正三品。春夏之交，在端親王載漪等一班心懷叵測之徒的煽惑鼓動下，原本在鄉間活動的義和團迅速在北方大地上蔓延開來，載漪對陳夔龍這類辦過外交事務的人忌恨在心，陳夔龍也恐蹈危機，於是卸任順天府尹，改任太僕寺卿，仍為正三品。同年八月十四日，八國聯軍攻陷北京後，陳夔龍被任命為留京辦事八大臣之一，佐慶親王奕劻辦理和談的事宜，又再任順天府尹。作為順天府的行政長官，陳夔龍向山東、上海等地求援，得到棉衣褲上萬套，分發到難民手中；又向聯軍索回被扣壓的部分糧食，開粥廠以解難民之飢，京城局勢日趨平靜下來，上上下下對陳夔龍一片讚譽之聲。

光緒二十七年（一九〇一）三月，升任河南布政使，但仍以二品大員的身分繼續留在京城，一面參與和談，一面管理地方行政事務。稍後不久，兩宮準備返京。因遭遇戰火，京城已殘破不堪，必須在兩宮回來之前整修一番。慈禧親點由陳夔龍負責整修工程，歷時三個月完成。十月，升任漕運總督，官至正二品。光緒二十九年（一九〇三）三月，調任河南巡撫。光緒三十年甲辰（一九〇四）是大清的最後一屆科舉考試，在河南貢院舉行，陳夔龍以豫撫派充知貢舉（督率官役，經理試事），正考官為大學士裕德，副考官為尚書張百熙，是科會元乃茶陵譚延闓（組安）。

光緒三十二年（一九〇六）正月，改任江蘇巡撫，重修姑蘇（即蘇州）城外寒山寺，並請德清俞樾（曲園）補書「楓橋夜泊」詩刻石。光緒三十三年（一九〇七）七月，升任四川總督，十月他進京受命，適逢慈禧太后生日，留京給太后祝壽，被賞在紫禁城內騎馬。接著他請假三個月回貴州掃墓，動身之時，時任軍機大臣袁世凱、鐵良等一批重量級人物親往車站送行，一時冠蓋雲集，那場面相當壯觀。掃完墓後，未上任忽接令改調任湖廣總督。宣統元年（一九〇九）六月，日本明治天皇授予寶星勳章，同年十月，繼端方之後，升任直隸總督兼北洋大臣。此時的陳夔龍已是朝廷的一品大員了。宣統二年（一九一〇）十二月，奉派與東三省總督錫良、兩江總督張人駿、湖廣總督瑞澂、雲貴總督李經羲參訂外省官制。

辛亥武昌起義後，十一月十六日（一九一二年一月四日），聯同各省督撫趙爾巽、錫良、段祺瑞、陳昭常等電奏清廷，請令親貴大臣將存於外國銀行存款提出，以充軍餉，翌日下詔照辦；十二月十六日（一九一二年二月三日），因病乞休，移居天津租界，遺缺由張鎮芳繼任。同月二十五日（一九一二年二月十二日），清廷下詔退位。

一九一三年九月，陳夔龍移居上海租界，以遺老自居。常歎「二百六十八年之天下，從此斷送，哀何可言」。一九一五年，在上海與清朝遺老陳三立、馮煦、沈曾植等組織「逸社」，定期約會，飲酒賦詩，排遣憂思。一九一七年七月一日，張勳復辟，被廢帝溥儀任為弼德院顧問大臣，舉事不濟後，再度匿居滬上，以風月自娛。

一九二四年第二次直奉戰爭，馮玉祥回師北京，幽囚曹琨，將廢帝溥儀逐出紫禁城，對此更是痛心疾首，他「瞻望北庭，神魂飛越」。同年，年六十七歲，寫成《夢蕉亭雜記》一書。翌年刻印分贈親友。

一九三二年是陳夔龍考取秀才的六十周年，照舊例「重游泮水」。「重游泮水」是明、清兩朝科舉制度中的一種慶賀儀式。童生考入府、州（縣）學滿六十年時，要隆重舉行慶典儀式，由學政或是總督、巡撫頒發「重游泮水」的匾額。慶典儀式上，這些高壽的秀才要和初入泮的新科童生一起參加入學儀式。作為曾考中生員而享高壽的慶典，地方官員亦要到場作賀。

清代科舉制度中，舉人於鄉試取中滿周甲（六十年）之期再逢足科鄉試，經奏准得赴為新科舉人所設之鹿鳴宴，謂之重宴鹿鳴，以慶賀曾取中舉人而享高壽。而陳夔龍中舉六十周年本是一九三五年，但因光緒元年乙亥（一八七五）屬恩科，循舊例准上屆同治癸酉（一八七三）正科，遂以一九三三年（一九三三）癸酉農曆九月為「重宴鹿鳴」之期，廢帝溥儀賞以「太子少保」銜，儘管國步已改，科舉久廢，陳夔龍仍率先賦詩，以示當時有資格「重宴鹿鳴」各人，如湘潭秦炳直、瀘州高樹、無錫楊志濂等人，遍索海內親友知交賜和。翌年，倩陳寶琛題耑，精印《庸庵尚書重賦鹿鳴集錄》四冊，以為紀念。一九四二年，陳夔龍年八十六，五月，以子孫戚友慫恿，提早四年（原應為一九四六年），舉行「重宴恩榮」（中進士六十週年），於滬寓唱堂會兩天，大事慶祝。

據江上行的文章說：「今人每談到昔日上海盛大堂會戲，輒以杜月笙家祠落成為翹楚。其實不然，若論戲碼之精彩，人選之出眾，當推陳夔龍過生日那一次堂會戲。」一九三六年適值陳夔龍八十大慶，在寓所連演堂會三天，劇目總數竟達四十齣之多。江上行又說：「農曆五月初三，是陳夔龍壽誕之期。大約在一九三〇年始，他年年過生日在家舉辦堂會，這在昔日之上海灘上，也是只此一家。陳家堂會可貴的一點是：有不少身懷絕技，輕易不肯出臺的京滬票界名宿，輒應約參加，而所演出之劇目，又頗多失傳老戲。其中除張伯駒、包丹庭、顧贊臣、孫履安等人外，尚有被稱為票界祭酒的『北侗南徐』，侗即溥侗，徐即徐凌雲。」

陳夔龍他始終關心桑梓，他發跡後，有人勸他改籍，他回答說：「今日博取功名，確由黔發跡，黔不負余，余亦不可負黔。」他以自身的財力和聲望，收集和印行貴州鄉邦文獻。曾先後印行了楊龍友的《洵美堂詩集》、《山水移》，重印鄭珍的《巢經巢詩文集》，周起渭的《桐野詩集》，以及《黔詩紀略後編》等。一九四八年因病在上海逝世，享年九十二歲，葬於杭州。

陳夔龍善詩、工書法。詩作最多，一生出過幾十本詩集，計有《松壽堂詩抄》、《花近樓詩存》、《鳴原集》、《吳楚連江詩存》、《五十三參樓吟草》、《丙子北遊吟草》、《江皖道中雜吟》、《把芬廬存稿》。另有《庸庵尚書奏議》、《水流雲在圖記》、《夢蕉亭雜記》、《游廬紀程雜記》等。

陳夔龍曾在八十大壽時撰寫〈八十感懷詩〉，其中一句言「一生知己兩文忠」，「兩文忠」，一為榮祿，另一為李鴻章。李鴻章任用陳夔龍較早，甲午海戰時，陳夔龍已在李鴻章手下負責翻譯來往電文。後李鴻章因戰敗暫時失勢，被迫出國考察。一八九六年，李鴻章入主總理各國事務衙門（簡稱總理衙門），就把陳夔龍攬入麾下。而得榮祿賞識後的陳夔龍，此後的仕途日益平坦，最後躋身於京堂之列。榮祿死後，陳夔龍就沒有後台了。這時候，他急需尋求新的靠山。放眼當時的權貴，身為軍機處領班大臣的慶親王奕劻是最有權勢者。陳夔龍曾娶過三任老婆，前兩個都是因病離世，最後娶的許禧身是浙江杭州的名門望族，許禧身之父許乃恩，舉人出身，有兄弟其中三人進士，四人為舉人，盡是科第出身。門楣上有「七子登科」的匾額。許禧身的哥哥許祐身為俞樾的女婿。許禧身為人大方，禮節也十分純熟，和奕劻的三個女兒以姊妹稱呼，便時常在慶王府走動。慶王府奕劻的福晉看她和氣不過，便以老賣老，認她做了乾女兒。陳夔龍升任漕運總督後，後又歷任河南巡撫、江蘇巡撫、四川總督、湖廣總督等要職，夫人許禧身自然是出力不少。

宣統二年正月，御史江春霖奏參奕劻，斥以「老奸竊位，多引匪人，如直隸總督陳夔龍為奕劻之乾女婿，安徽巡撫朱家寶之子朱綸為載振之乾兒。」疏入，清廷斥其荒誕不經，諭令明白回奏。春霖旋覆奏，援引證據，言之確鑿。指稱「夔龍繼妻為前軍機大臣許庚身之庶妹，曾拜奕劻福晉為義母。至朱綸拜載振為義父，乃袁世凱所引進也。」朝旨以春霖莠言亂政，命回原衙門行走。所謂原衙門乃指翰林院，時已撤銷，春霖實無處可走。惟其封奏鬨動朝野。北京宣武門外，北半截胡同廣和樓酒肆，向唯一班名士讌集之所。出現了沒署名之題壁詩二首，亦鬨傳都門。此詩聞係出冒鶴亭之手（但冒鶴亭時官農工商部郎中，載振為原奏調補官之舊日長官，似不應不留餘地至此。民國後，陳夔龍退隱滬濱，常有詩酒之會，冒鶴亭迄未去過一次，或亦不無可疑）。

其一：

公然滿漢一家人，乾女乾爺色色新。
也當朱陳通嫁娶，本來雲貴是鄉親。
鶯聲嚦嚦呼爺日，豚子依依念母辰。
一種風情誰解得？勸君何苦問前因。

其二：

一堂兩世作乾爺，喜氣重重出一家。
照例自然稱格格，請安應不喚爸爸。
岐王宅裡開新樣，江令歸來有舊衙。
兒自弄璋爺弄瓦，寄生草對寄生花。

這兩首詩，除諷刺慶親王父子，還牽連到後來成為直隸總督的陳夔龍及安徽巡撫朱家寶。陳夔龍貴州人，朱家寶雲南人。「也當朱陳通嫁娶，本來雲貴是鄉親」一聯，天造地設，妙合無間。陳夔龍的繼妻許氏拜奕劻為義父，朱家寶的兒子朱綸，拜奕劻之子載振為乾爹。因此詩中有「乾女乾兒」之句，奕劻父子是滿人，朱、陳是漢人，故曰「滿漢一家人」。岐王為唐玄宗弟李範，借喻奕劻。「開新樣」指以聲色自娛。「江令」一句，說的是御史江春霖因彈劾奕劻，奉旨申飭，著回原衙門行走（所謂「回原衙門行走」，例如江春霖是由翰林院編修升御史的，不稱職，令其回到舊日服務的翰林院行走）。古人將生男孩稱為「弄璋」，生女孩稱為「弄瓦」，載振收乾兒子喻為「弄璋」，奕劻收乾女兒喻為「弄瓦」，十分貼切準確。寄生草喻朱綸，寄生花喻許夫人。題壁詩工穩熨貼，風趣無倫。「呼格格」、「喚爸爸」、「江令歸來」、「岐王宅裏」，運實於虛，聲口如活，一時傳遍九城。

《夢蕉亭雜記》是陳夔龍的自述回憶，在一九二四年他六十七歲時所寫的。由於陳夔龍歷經光緒、宣統兩朝，並且歷任要職，經歷晚清從戊戌到辛亥的重要事件，如戊戌政變、庚子義和團入京包圍使館、慈禧光緒西逃、八國聯軍入京、

《辛丑條約》的簽訂，到辛亥革命等。由於陳夔龍身處政治漩渦中心，其所交往又多為清末政界要人。因此也是同為前清遺老的馮煦評其書說：「其事變所經，記載翔實，足備論世者之參稽。謂為公之政書可，謂為國之史稿亦可。」而陳夔龍也自己說：「而前此一生之經歷，暨耳所聞，目所見，雖無可述，亦有足資記憶者。爰成隨筆若干條，命兒子昌豫錄之，名曰《夢蕉亭雜記》。」他把他自身的經歷及榮枯史也融於其中。因為許多事件是他親歷、親聞者，其史料價值極高，常為研究晚清及近代史者所引用。

據粗略統計，《夢蕉亭雜記》中提及的晚清重要人物接近六十位，陳夔龍不僅善於記事，也善於寫人。其中王公貴冑包括：慈禧太后、光緒皇帝、宣統皇帝、恭親王、醇親王、慶親王奕劻等，重臣則有：榮祿、李鴻章、袁世凱、張之洞、岑春煊、瞿鴻禨、鹿傳霖乃至廖壽恒、張蔭桓、張佩綸，甚至著名文士如俞樾、王闓運等等，都有專條記述。尤其是對於榮祿、李鴻章、袁世凱、張之洞諸人，則不厭其煩地詳加記載，有多至十數條者，其中有些記載則是這些人與陳夔龍的對話，其珍貴可見一斑。

庚子事變後慈禧西逃，陳夔龍留守北京，後被任命為留京辦事八大臣之一。

協助李鴻章、奕劻議和。他不僅如實記錄了各帝國主義威脅、恐嚇及蠻橫無理的情狀，也屢屢道出清方奕劻、李鴻章等人的軟弱、無奈和低聲下氣的情態。陳夔龍在記述或回憶這些過程中，也難免加入自身的政治立場和感情色彩，包括對某些重要事件選擇迴避或隱諱，也是不容否認的。

# 馮序

庸庵尚書同年著《夢蕉亭雜記》雜記成，初以示予，且屬為之序。授而讀之，其體與歐陽公《歸田錄》、蘇潁濱《龍川略志》、邵伯溫《聞見前錄》為近。於光、宣兩朝朝章國故與其治亂興衰之數，言之綦詳。蓋公之尹京兆也，際拳禍熾，八國聯軍入犯，國勢岌岌若纍卵。公參與和議，周旋李、榮文忠間，應機立斷，斡旋無形。其外除也，督漕淮表，撫汴若蘇，既督兩湖，督直隸，皆號為天下重鎮。當之者，回皇周章，無所措手足；苟焉以濟其欲者，無論矣。負宙合之望，挾其亢厲不可一世者，揮斥無度，招傾險浮薄之徒，袒西鉏中，先風氣而逆之。卒之，鹵莽滅裂，一發而不可收，不旋踵而禍人國。公學養既醇，廉靜而寡欲，不急功，不近名，而於人才之臧否，事會之緩急，皆深維而切究，虛中以應之，故所至蒙其休。辛亥之變，猋舉川決，海內騷然，而公坐鎮畿輔，匕鬯不驚。遜位詔下之前數日，始引疾以去。始終一節，世尤高之。觀於是編，宅心和厚，持論平恕，不谿刻以刺時，不阿諛以徇物。其事變所經，記載翔實，足備論世者之參稽。謂為公之政書可，謂為國之史稿亦可。而以甲子之變，潛龍在野為終篇。其拳拳忠藎之忱，天日可鑒，尤有不忍卒讀者。予垂進逋臣，泚翰簡首，益不禁孤憤填膺，悄焉欲絕已。

乙丑立夏日，馮煦時年八十有三。

# 原序

蟲聲四壁，皓月在天，庸庵居士與兒輩納涼於夢蕉亭。花陰深處，默數年華，忽忽已六十八甲子矣。後此之歲月如何，天公主之，誠不敢自料。而前此一生之經歷，曁耳所聞，目所見，雖無可述，亦有足資記憶者。爰成隨筆若干條，命兒子昌豫錄之，名曰《夢蕉亭雜記》。

庸庵居士

宣統三年後甲子年七月十三日也

# 目次

## 卷二

# 卷一

# 為官之道

余生平百無一長，所堪自信者，律身惟一「儉」字，治事惟一「勤」字，待人惟一「恕」字。克勤克儉，大禹所以傳心。「恕」字，終身可行，又吾夫子自勖，並以勖弟子者。聖賢功業非所敢期，但得其緒餘，亦可以飭躬行而經世變。小子識之。

自惟由少而壯，由壯而老，無日不在怵惕惟厲中。甫屆八齡，嚴親見背，煢煢在疚，惟孀母是依。是為余孤苦時代。弱冠幸登賢書，南宮累次報罷。幸而獲售，已近中年。埋首郎潛又十餘載。自分馮唐白首，巷遇無期。是為余沉滯時代。厥後遭際時會，擢授京尹。督漕一稔，遂撫汴吳。未綰蜀符，旋移湖廣。今上初元，復拜北洋之命。不知者群詫官符如火，實則受恩愈重，報稱愈難。夫變每生於不測，而禍旋中於所忽。積薪厝火，豈敢謂安？是為余憂患時代。國變以來，僑居滬瀆，鄉關萬里，欲歸不得。末疾糾纏，已逾十載。桐悲半死，楊豈生稊。是為余衰病時代。自茲以往，未之或知。佛法談過去身與未來身，究不若現在身跡象可尋，非同嚮壁虛造也。

辛丑簡任漕督，移撫汴吳，升督湖廣，遂領北洋，前後十年。時抱懍懍之懼，而不願居赫赫之名。所可以自慰者，厥有三端：一不聯絡新學家；二不敷衍留學生；三不延納假名士。衙齋以內，案無積牘，門少雜賓，幕府清秋，依然書生本色。連圻僚友，有譏余太舊者，有笑余徒自苦者，甚有為以上諸流人作介紹者，均一笑置之，寧守吾素而已。

人生科名為一事，祿位又為一事。余年十九捷賢書，業師譚紫垣（諱元奎，道光甲午舉人）先生，精子平術，謂余乙年既中乙科，丙年必中甲科，連捷可卜。詎丙子會試榜發，薦而未中，沉淪十載。至丙戌，歲仍逢丙，始克釋褐。當殿試之前，李苾園（端棻）少詹（後官禮部尚書）約集同鄉諸同年，於寓齋習書，大卷雖不能工，較諸君子未敢多讓。詎傳臚日，趙仲瑩同年居然大魁，苾園之從弟小洲同年（名端榘）、家松珊兄，均列二甲，入翰苑，而余以一字之誤，竟置三甲，以主事用，籤分兵部。京師習慣，以吏、戶二部為優選，刑部雖瘠，補缺尚易，工部亦有大婚、陵工保案，以冀捷獲，惟禮、兵二部為最苦。禮部尚無他途雜進，依然書生本色，最次莫如兵部員司，以常年測之，非二十年不能補缺。苾園少詹深惜余不入詞館，又以戎曹無可展布，歎余有才不遇。良朋知己，迄今銘感。詎事出意料之外，甫十年，余已補缺，又五年，遂升京兆，持節漕河。匪特同鄉趙、李諸君望塵不及，即丙戌一榜同年，置身青雲，亦未有如余之早者。然余仕途升階，仍係拾級以進，初無躐等之獲、捷徑之干。此無他，時會不值，則一第如登天之難；遭際適逢，則八座如拾芥之易。其中殆有天焉，非人世恆情所能揣測者也。

## 榮祿之汲引

京官得缺早遲，均有定數。丙申年五月，隨榮文忠公（時為兵部尚書）赴津查辦事件。公餘茗話，公問余年幾何，補缺約計何時。余對曰：「行年已四十，到部亦十年，敘補名次第八。即每年出缺一次，亦須八年始能敘補。恐此生以馮唐老矣。」公云：「觀君骨相氣色，五年內必有非常之遇。而部中補缺例須計俸，未可躁進。」相與吁歎久之。詎五月杪，事竣還京，司吏來告，余名已列第三。迨至七月杪，竟列第一。八月缺出，居然頂補。緣同曹諸友此數月中，有丁艱病故者，有請假告養者，並有改官外省者，紛紛離部，不啻為我前驅，寧非奇事！詎不一月，又有缺出，各堂以余升補，為他友巧於營謀，以勢力攫取去，余姑讓之。厥後，某友一帆風送，洊升蘇藩，而余適由汴州調撫江蘇，轉臨其上。其友來謁，追維往事，頗有慚色。余則下車一揖，傾蓋如常。前塵昔夢，久已忘之矣。

# 唐炯刀下餘生

吾鄉丁文誠公寶楨督蜀時，唐鄂生中丞炯以道員在川候補，一見待以國士，倚任極專。薛雲階尚書允升，時升任成綿道，未履本任，改署建昌。尚書不悅，且疑中丞甚之。不數年間，中丞超擢雲南布政，洊升巡撫，尚書亦入為刑部侍郎。甲申法、越之役，中丞防邊失利，拿交刑部治罪，部定斬監候，秋後處決。合肥李文忠、湘陰左文襄暨文誠公，均密保人才可惜，請旨棄瑕錄用。不報。丙戌冬至前二日勾決，屆期同鄉親友預為中丞備辦身後各事。是日，天未黎明，余往行刑處與中丞訣，深慮天威不測也。時張文達公之萬為刑部尚書，薛為左侍郎，仁和許恭慎公庚身為右侍郎。恭慎現官軍機大臣。定例，每逢勾決，由右侍郎監刑。恭慎馳往菜市口候旨。中丞蒙恩免勾，發往雲南，交岑制軍毓英差遣。尚在菜市口蓆棚，靜候發落。比時部中司員，以事非恆有，無舊例可尋，竟乏辦法。恭慎謂，左堂係刑部老司員出身，必諳例案。所居老牆根，又與菜市相近，囑往請示。尚書亦依違其間，故作不解，所司不得要領，回白恭慎。姑令帶回刑部，再作區處。中丞驚魂甫定，久識獄吏之尊，只有隨從到部。詎至獄門，提牢廳不肯收受，謂係加恩發遣之員，豈能再行入獄？而此外無棲身處。

中丞在獄已二年餘，獄中房間頗精潔，堅欲進內居住。紛紛擾擾，日已將夕。所司各員由丙夜將事，至於日昃，疲憊不堪，均不顧而去。卒徇中丞請，暫宿獄內。刑部司員辦事鹵莽至於如此。翼日余到兵部，忽見刑部差役持公文解送中丞來署，聽候發遣。余商之所司諸友，作何處置，僉云：「軍流等犯，例由兵部發遣。中丞係交滇督差委，並無罪名，兵部不能過問。」余本此意，曉諭刑部差役，令持原文回部銷差。並伴送中丞回其世兄住宅。中丞謂：「薛雲階為刑部老吏，此事一定手續，彼豈不知？乃故作癡聾，任所屬司員作弄，使我難堪。渠不過挾前在蜀中未經到任之嫌，以為是我作祟。其實彼缺為丁道士彬佔據，與我何干！」言極悻悻。厥後，由刑部六堂具一公函，交中丞□往滇省投遞。中丞行至中途，奉旨賞巡撫銜，督辦雲南全省礦務，持節入滇。前項公函大可付之洪喬已。

# 馬廠舞弊案

京師為官產地，王侯第宅、文武衣冠足為軟紅增色。第有三種人不易浹洽，余敬而遠之：一曰翰林院，繳貂一著，目中無人，是謂自命太高；二曰都察院，風聞言事，假公濟私，是謂出言太易；三曰刑部，秋審處司員滿口例案，刺刺不休，是謂自信太深。姑以刑部論，猶憶大凌河馬廠舞弊一案，上駟院員司受賄，經言官參奏，旨交刑部嚴審。該部以案情重大，請派大臣會訊。奉派兵部尚書榮祿、工部尚書許應騤，會同刑部審訊。文忠公派余與濮君子潼、裕君厚筠；庵師派端君方、何君乃瑩、丁君象震為隨帶司員，前往刑部會訊。刑部承審此等欽案，均在秋審處。該處設提調四員、坐辦四員，由堂上點派數員，與他部隨帶之員公同辦理。彼等自謂熟諳刑律，動目他人為隔教。余到部後，調集全案卷宗，逐細研究。案中牽連拖累不下數十人，鋃鐺滿庭，景象極慘。而最要關鍵，則全在上駟院受賄之某司員，一經承認，全案即可結束。詎熬審十數次，該革員挾有護符，一味狡展，堅不吐供。秋審處部案累累，每日提審時許，即須帶回收禁，騰出法庭，辦理部中案件。計奏派到部已月餘，訊供毫無端緒，心竊憂之。

四月初八日，余到秋審處，所司闃無一人，僅有茶房、皂吏看守。詢知是日佛誕，閤署司員例放假一日。正徘徊間，端君午橋亦至。余謂：「來此會審，業已月餘。刑部員司問案，專講例牌子，吾輩不便多發言。盍乘今日諸君不在坐，提出該革員一訊，剴切權勸諭，或可得其口供。」午橋謂然，立命皂役帶案。往日均係跪訊，茲特設矮坐。告以吾輩同在部院當差，均有寅誼。不幸執事偶緣疏縱，致罹法網。但應得罪名，決無死罪可科，至重亦僅軍流。明歲即逢恩詔，應赦條款即須頒出。此日一經承認，案即議結。雖須往軍臺一次，轉瞬即援恩詔釋回，於執事為甚便。而此案拖累之數十人，即可先行發回，免使瘐斃詔獄，是執事之陰德，尤可為子孫造福。倘堅不承認，借以拖延歲月，萬一頒發赦詔後始行結案，機會一失，永無遇赦之日矣。

該革員初仍狡執，繼沉思不語，卒乃慨然曰：「今日蒙承審大人格外優待，不視我為階下之囚。諭我之言，準情入理，令我感激。看在承審大人面上，我招了罷。勿論斬、絞、軍流，我不怨就是了。」爰命承辦吏錄供，交彼畫押訖。積月難取之供，頃刻而定。余與午橋私幸今日不虛此行。詎翼日晤刑部諸公，謂此案得兩君勸令畫供，甚好；惟供中所敘情節種種，與例不符，難以入奏。須重加審訊，錄取正供。所言甚辯，祇好聽之。寧知渠等以犯供由吾輩取出，未經參預，於面子攸關，故作挑剔之語。卒之，並未提審，即照原畫口供結案，祇奏稿由渠等擬定，余亦不願主此稿也。刑部積習，於此可見。此後余由郎中遷升四品京卿，幸不與科道較資俸。庚子考差，臨點不到，亦不願與翰苑競馳征。始終對此三等人，敬而遠之而已。

# 翰林自命太高

余不入翰林，與玉堂諸君絕少往還，知其難於應付也。第有一事極瑣細而頗足增閱歷者；平遠丁文誠公寶楨，與朝邑閻文介公敬銘道義論交，老而彌篤。光緒乙酉，余在文誠西川幕府，以計偕北上。文誠謂京師眾正盈庭，朝邑尤副物望，到京必須往見。余遵諭拜謁，極蒙奬借。未幾，文誠在蜀病逝。公子慎五觀察（後升任粵藩，護理桂撫）囑余往謁文介，乞為文誠作墓誌銘。文介允之，並謂可請曹竹銘殿撰篆蓋，王可莊（仁堪）殿撰書丹。均各允諾。文介墓志稿撰就，由余持交可莊書楷。邇時京師刻工以琉璃廠西門翰文齋為第一，文介囑交翰文鐫刻。詎可莊忽來言，昨到翰文齋，見彼所刊成之字，與其筆意不合。凡所書銘石，必須廠東門龍雲齋刻工方好，可否改延龍雲刊刻。如不照辦，請將所書者撤回，另請竹銘書丹，自改篆蓋。談次極其激烈。當徇可莊之請，商之翰文，令轉交龍雲刊刻。翰文不允，謂此碑石見方二尺六寸，京師少見，此石運入鋪內，費十餘人之力，鬨動全廠。今若送往他鋪，面子上殊為難堪。復往龍雲，令其派人往翰文取石。龍雲亦不允，謂與翰文交好，同在廠中營業，跡近攘奪，不便逕取。

此項生意，雖承王修撰照顧，情願謝卻。兩方面所言，均有至理，余幾窮因應。商之文介，文介笑曰：「文人爭名，商人爭利，轉費君調處矣。」繼而曰：「此事不難處分，我有一同鄉在琉璃廠碑帖鋪，可令其派人往翰文搬取碑石，即將碑石交龍雲，豈不兩便？將來碑文刊成，即令彼椎拓以酬其勞，君謂何如？」余曰：「謹遵命。惟此瑣屑細事，致勞中堂調停，心頗歉悚。」公笑曰：「他人能調鼎，我調石，有何不可？」維時文介為同官忌嫉，已開去樞廷差使，請假家居。故作此詼諧之語，以示曠達。然詞人遇事拗執，不易應付，亦可見一斑矣。

# 李鴻章知人善任

李文忠公高掌遠蹠，才氣橫溢，中興名將，三朝元老。然功滿天下，謗亦隨之。當甲午之役，冒天下之不韙。余時譯署任差，日譯公北洋所發電稿，折衝規劃，煞費苦心。和議告成，公奉使出洋，聯絡歐西各邦。丙申回國，命在總理各國事務衙門行走，余始謁公於署中，極荷賞識。大臣留心人才，識量誠不可及。然余賦性硜硜，公謁外無私覿也。戊戌六月，直督榮文忠公奏調余往北洋差遣。余以公為譯署長官，北洋又其久經駐節地，爰往辭公，並詢直省地方情形。公一見即謂余曰：「榮相愛才若渴，君又在部宣勤，為渠器重，奏調固意中事。但我意可以勿庸。直隸我曾任二十年，地方遼闊。君在部任差，不諳民事，貿然前往，恐未見長。若以邦交而論，北洋交涉雖多，豈能多於總署？不如仍在署中效力，藉資熟手。」余唯唯。公又云：「君恐辜榮相盛情，不便辭乎？果爾，吾當為君函辭之。」

余三復公言，明決可佩。如貿然而往，於地方民事不能勝任，而交涉事誠不如譯署之重要。但若由公代為函辭，亦嫌突兀。天津距京咫尺，不如自往，婉言辭謝，因將此意告公，公亦謂然。翼日，蒞津謁榮文忠公，聆余轉述公之言，即告余曰：「合肥真爽直人，意良可感，不可負之。但奏調已奉旨允准，若不前來，勢須譯署奏留。君速回京謁合肥，並述我意，請合肥具摺奏留可也。」即日回京謁公，公曰：「即刻奏留。惟此事之原委，我尚不周知，署中僚友亦恐不悉底蘊，不如君自擬一稿送來，較為簡捷。」余遵擬稿送去，公即入署飭承辦司繕摺呈閱邸樞各堂。翼日具奏，奉旨俞允，余仍為京曹矣。事後本部尚書剛相謂余曰：「君留部，余亦得所臂助。余早擬留君，懼干榮相之怒。合肥竟能任此，誠為吾所不及。然合肥亦因人而施也，此意君不可不知。」

# 榮祿反對己亥建儲

傳曰：「一人定國。」此言豈不諒哉！當戊戌政變後，宮闈之內，母子之間，蓋有難言之隱矣。而一班薰心富貴之徒，致有非常舉動之議。東朝惑之，囑榮文忠從速辦理。此己亥冬間事也。公諫阻無效，憂懼成疾。適合肥李文忠外任粵督，行有日矣，來辭公，見公容貌清癯，曰：「何憂之深也？」公謂文忠曰：「南海雖邊遠，實一大都會，得君往，朝廷無南顧之憂。君行將高舉遠引，跳出是非圈外，福誠無量。而我受恩至渥，責備亦最嚴。近數日來，求生不能，求死不得，將何以教我？」因密語：「非常之變，恐在目前。」文忠聽未終，即大聲起曰：「此何等事，詎可行之！今日試問君有幾許頭顱，敢於嘗試！此事若果舉行，危險萬狀。各國駐京使臣，首先抗議。各省疆臣，更有仗義聲討者。無端動天下之兵，為害曷可勝言！東朝聖明，更事最久，母子天倫豈無轉圜之望？是在君造膝之際，委曲密陳成敗利鈍。」一言盡於此。公聞之，悚然若失。翼日，以文忠語密奏，幸回天聽。聞某相國、某上公頗擬藉端建不世之勳。某上公並手擬一稿，開編公然有「廢立」字樣，公急訶止之。上公意頗怏怏，是誠不知是何肺腸已！余事後親聞之公者，爰書之於簡端。

# 高、張休致

光緒庚子正月，朝廷舉行京察大典。順天府府丞高燮曾、通政司參議張仲炘，奉旨休致。二君湖北籍，翰林出身，在京薄有清望，不知緣何事罷斥。旨下日，都人士極為驚駭，至謂樞府不能力爭，戕賊善類。長白榮文忠公首贊樞廷，頗為清議所不滿。查吏部則例，府丞出缺，例由內閣侍讀學士及五品京堂共列入題本敘補，名曰正本。另咨取都察院四科入道銜名，列為副本。一並請簡。邇時余為內閣侍讀學士（學士二人，一人為張翼，非正途出身，例不開列），通參業已被黜，光少尚未補人，鴻少某亦非正途出身，若論憲綱，應余升授。一日，謁文忠公邸第，公云：「高、張兩君特旨休致，余不能換救，有慚清議。可若何？」余謂：「往事勿論矣。」鄂籍科道中，雅負物望者，尚有京畿道御史胡孚宸一員。此次吏部題本，請簡府丞員缺，正本中祇余一人，照例升授。胡孚宸名在副本中，余情願讓之。如胡孚宸硃筆圈出，楚弓楚得，匪特慰鄂人望澤之心，並可杜諫院多言之口。文忠極以為然。

未幾，吏部題本上達，文忠面請以胡孚宸升授。詎本內列名在胡之前者，乃工科給事中王培佑，日前因事召見，奏言拳民忠勇可用，頗蒙記注。兩宮忽見其名，謂此人甚好。文忠承旨出，王培佑遂升府丞矣。到任未及三月，府尹出缺，竟邀特擢。所遺府丞一缺，仍歸余頂補。適培佑奉差出京，府尹一缺即以余兼署。迨其差竣回任，上以余承辦接濟四恆巨款暨督理前敵轉運事，正資熟手，命幫辦順天府尹事務。卒以王君辦事竭蹷，調署太僕寺卿，以余署理京尹。再辭不獲，強起任事。時僅兩月，王君奉飭回任，余署僕卿。緣端邸不慊於余，幾為彼所中傷，不得不辭煩就簡，暫避凶燄。然此兩月中，身所經歷，頗多可驚、可愕之事，另有記載。

未幾，翠華西狩，余派充留京辦事大臣。適兩全權大臣入京議款，復令襄辦和約。旋奉旨實授京尹，支持危局一年有餘。竊幸兩宮回鑾，余亦蒙恩簡任漕督，厥後調任湖廣。諗知高君爕曾掌教鄉邦，張君仲炘僑居白下，幾經盤錯，素志不渝。余以其才堪起用，專摺奏保，奉旨甄錄。未及來京預備召見，不幸國體改革，兩君亦先後物故。悲夫！

## 張蔭桓獲譴

功名遲速，原有一定。即服官內外，亦絲毫不能勉強。余在部當差，積資勞充職方司總辦，親友均以道府相期許。迨兼總署行走，又以記名海關道相推重。余均一笑置之。每日惟勤慎趨公，他非所計。總署大臣張侍郎蔭桓，由佐雜起家，向在山東，為丁文誠公所卵翼。後趨附北洋李文忠公，洊升今職。侍郎頗自負才望，亦雅重人才，欲余入彼彀中。余自維拘謹，難酬所望。侍郎不懌，揚言於眾曰：「陳章京不願作海關道乎？何對我落寞如此！」余仍一笑而已。

會英公使函請會晤，余隨文忠接見，並錄記兩方問答。文忠年紀高，不耐久坐。而英使又嘵嘵不已，日將夕始辭去。未去一鐘以前，侍郎亦入坐。文忠送英使返，即索觀問答簿。余即呈上，約二千餘字，敘要案甚多。文忠笑曰：「何其速也。然稍遲我亦不能候矣。」略看一過，書「閱定」二字，交供事繕正，趕於夜半交進內章京，呈請邸樞各堂閱看，以免隔閡。文忠去後，余亦疲憊，匆匆下班，偶忘於問答簿內添注「某鐘某刻，張侍郎續入坐」字樣，本一時之疏忽，未始不可諒也。詎侍郎調簿重閱，見無聲敘「入坐」字樣，登時怫然，謂：「此等問答連我銜名已忘，其餘英使所說之事，更不可靠。」甚謂文忠年老，所答之話，我亦不放心等語。忞睢情概，旁人亦覺過當。實則原敘問答，均係根據條約駁復，一字亦不能改也。越日，余上班聞之，仍一笑而已。

瞬屆兩年列保之期，定例記名，海關擬保幾員及應保何員，由堂上酌定。其餘保舉升階、升銜，事屬尋常，均由章京自行酌擬，呈堂彙保。余時係實缺員外郎，因請俟得郎中後，以四品應升之缺開列在前，請旨升用。侍郎閱之，謂他友曰：「陳章京朝夕趨公，總算辛苦，何以保此虛而無當之升階，不知有何益處。」厥後題升郎中，適逢內閣侍讀學士缺出，職係四品，為郎中應升之階。余遂緣此保案，得邀簡任，誠始願所不及。

方侍郎之獲譴也，時在戊戌八月十五日，由刑部解赴兵部，遣戍新疆。刑部司員押解侍郎者，為其同鄉區君。此君夙與侍郎不相能，匿怨已久。特在部求派押解差使，計由提牢而司而堂，經歷五、六處。區君均坐堂點解，不肯稍留面子。侍郎亦無如之何。當解到兵部時，余適在職方司，此案應由武庫司辦理。因係秋節，司中闃無一人，余急往庫司與區君周旋。區君守取回文，悻悻而去。怨毒之於人甚矣，可不懼哉！余送區君出，即往司堂東偏屋內慰問侍郎。侍郎滿面流淚，並云：「我非康梁一黨，不知何以得此重譴。」余惟以聖恩寬大，早晚必可賜環安慰之。侍郎謂，日已過午，腹中饑甚。詎是日秋節，飯莊未經開市，僅買得月餅少許，為侍郎充饑。侍郎甘之如飴，謂一飯之誼，將來必報。余送侍郎署外，看其上車。飭五營承解弁兵，沿途小心伺候，不准稍有大意。後謁李文忠公，公曰：「不料張樵野（侍郎號）也有今日！我月前出總署，幾遭不測，聞係彼從中作祟。此人若不遭嚴譴，是無天理！」相與嗟歎者久之。

# 李端棻譴戍新疆

侍郎獲譴後，又三日，吾鄉李尚書端棻亦遭嚴譴。尚書學問淵雅，性情篤厚，徒以為人所累，致罹黨禍。都人士莫不憐而諒之。新會某孝廉，乃尚書典試粵東所得士，繼之以婚姻。戊戌會試，寓尚書宅，地近則言易入。當變政之前數月，新政逐日舉行，朝野震駭。尚書時為倉場侍郎，封奏獨夥，均係變法維新，與平素舊學宗旨大不相符。門生故舊，紛紛訾議。余目睹黨禍已成，竊代憂之。

七月杪，禮部堂官不為司員王照代奏事件，奉旨六堂同日褫職，尚書超擢禮尚。八月朔，由通還京，余謁之於邸第，謂公曰：「交非恆泛，不作諛詞。今日為公賀，恐明日將為公弔耳。」公愕然。時公門人貽司業穀亦在坐。公曰：「然則何以教我？」余曰：「時局如此，成敗利鈍，未能逆料。只有謝病辭官，尚是保身一法。」公曰：「初三日到任，已傳知閣部曹司，並發諭帖，此事豈能中止？」余謂：「從前乾嘉時代，和珅擅權用事。閩中某中丞時為蘇撫，與和素通聲氣。後知和將敗，恐罹黨禍，亟思請疾，而又無詞可措。爰於大朝會時，觀瞻所繫，故作失足昏暈狀，具摺折請假開缺，卒免於禍。」公盍仿而行之。公躊躇未決。貽君曰：「此計甚妥，師座若肯棄此官，門生亦願棄微職，從公優游林下。」越日，公赴部履新，部中土地祠祀唐韓文公愈，例須行禮。公於行禮時，故為失足不起，眾目共睹，匆匆扶歸。即繕摺請病假二十日。貽君亦同日請假，風義可佩。此假期內，波譎雲詭，幸在旁觀。

迨十五日，張侍郎蔭桓奉旨遣戍。南城外士大夫群相議論，全集矢於公。公不得已，具摺自行檢舉。奈是日適有內監他案發生，東朝震怒，閱公奏疏，謂為有心取巧，仍從重論，發往新疆，效力贖罪。余以公咎雖應得，而情有可原。從前原係託病，經旬日中之激刺震撼，公真病矣。而發遣不能緩期。竊不自揣，欲急友生之難。翼日，獨詣軍機處，面謁剛相，述尚書患病實情，求代展期起解。剛相意不謂然。余復謂尚書原請病假在未獲罪之先，並非獲罪後方始請假，希圖逗留。剛相謂：「此係旨意，我不能代請旨。」聲色微厲。余亦忘卻此乃密勿重地，小臣不能在此任意喋喋，幾成僵局。幸榮文忠公出而言曰：「君等所談何事，何尚未解決也。」剛相色稍霽，謂文忠曰：「君瞧筱石為人太好，現為同鄉李苾園遣戍事，求我展假。此何等事，你我何能擅便！」文忠略一沉思，笑謂余曰：「發遣係奉嚴諭，即日啟行，豈能展緩？剛相之言甚是。惟有一通融之法，爾速到部傳諭，即日起解。官員遣戍，首站多宿天寧寺，已算遵旨出京。如實病，再具呈城廂司坊官吏，請假一二日，未嘗不可。公義私情，豈不面面俱到？」語未竟，剛相拍手贊成曰：「此計甚好，爾即照此辦去。」余到部不移時，尚書已到，敬候發遣。余送尚書至天寧寺，情話一夕，又為通融請假二日，部署行裝。自慚京員清苦，無力厚贐。越日，車聲轔轔，尚書竟賦西征。此戊戌八月事也。

迨庚子七月，某邸參中外大員情通外洋十五人，余竟附驥尾。摺雖擱下，上忽詢及余。剛相先言曰：「陳某曾在臣部當差，人極正派，且有血性，能辦事，天顏亦為之霽。」文忠出語余曰：「此數日內，我與慶邸亦犯嫌疑，說話不靈。剛相說你好，尤足以動天聽。」後知剛相謂余有血性，蓋指當日尚書遣戍，余與彼在軍機處門外爭持之事云。

# 戊戌六君子之死

光緒戊戌政變，言人人殊。實則孝欽並無仇視新法之意，徒以利害切身，一聞警告，即刻由澱園還京。維時皇上尚在勤政殿接見日相伊藤博文，宮中、府中不暇傳宣警蹕，慈駕已回西苑。越日，允皇上之請，出而訓政。步軍統領、五城番役拿獲案犯康廣仁、劉光第、楊銳、譚嗣同、林旭、楊深秀六人，世所稱「六君子」者。奉旨以案情重大，著軍機大臣、內閣大學士會同刑部，嚴行審訊。嗣復命御前大臣督同審訊。定例，御前班次在軍機內閣之前，眾推慶邸領銜（時官御前大臣）。天尚未辨色，邸堂忽命材官來余寓所，促入府商議要件。余遵諭趕往。鐵君良亦至（時為工部司員，後官江寧將軍）。邸云：「康廣仁等一案極為重大。吾忝領班，不能不借重兩君，速往刑部會訊。」並謂：「同案六人，情形亦復不同。聞楊君銳、劉君光第均係有學問之人，品行亦好。羅織一庭，殊非公道，須分別辦理。君等到部，可與承審諸君商之。」余等趨出，時甫上午九鐘。

爰往譯署，先行片文咨照刑部，略述奉派會審緣由。詎余車甫至西交民巷口，部中番役來告，此案因今早某京堂封奏，請勿庸審訊。即由剛相傳諭刑部，將六人一體綁赴市曹正法。緣外間訛言孔多，有謂各公使出而干涉，並謂一經審問，恐諸人有意牽連，至不能為尊者諱。是以辦理如此之速。余不曾親蒞都堂，向諸人一一款洽。過後思之，寧非至幸。時戊戌八月十三日之事也。

# 端王之顢頇

已革端親王載漪，少不讀書，剛愎自用。自己亥冬間，其子溥儁立為大阿哥，朝中視線均集於該邸。滿大臣中竟有先遞如意，希冀他日恩寵者。所管虎神營，於神機營外獨樹一幟。庚子拳匪亂起，一意提倡之。維時某相國、某上公均授溥儁讀，皆篤信拳匪，恃以仇教滅洋。漪遂深信不疑，謂拳可恃。步軍統領已革莊親王戴勛，右翼總兵其弟載瀾，復附和之。凡拳民入京，赴莊王府掛號，即為義民。旬日之間，亂民集都城不下數萬。均首纏紅布，手持短刀，殺人放火，晝夜喧囂，有司不敢過問。各公使館由天津調兵入京自衛，苦於兵數無多，僅於東交民巷東、西巷口設卡駐兵，與我相持。董福祥一軍經調紮正陽門、東安門一帶，保護內廷，嚴飭不准與洋兵衝突。董福祥帶武衛後軍歸榮相節制。詎載漪暗相結納，引為己用。福祥亦以滅洋自任。榮相再三戒飭，竟不聽命。實則福祥雖號知兵，僅與西域回匪結過硬仗，而泰西節制之師，彼實未經嘗試。因之相持數月，擁數萬之眾，乘勢攻取，竟無如千餘守使館洋兵何。

朝廷亦以攻使館為非計，特叫大起三次，凡近支王公大臣、內閣六部九卿，均蒙召見，面詢方略。許侍郎景澄、袁太常卿昶力言釁不可開。言次激烈，竟觸載漪之怒，當面申飭。殺身之禍，即肇於此。嗣聞天津不守，外兵行將入京救護公使、僑民，盈廷士夫均意在從速議和。漪怒甚，遂矯旨先將許侍郎、袁京卿正法，以箝諸臣之口。未幾，而徐尚書用儀、立尚書山、聯閣學元相繼棄市。時距洋兵入城甫三日也。比時朝野震撼，人心皇皇，幾有朝不保暮之勢。總緣彼有恃而不恐，蓋欲早舉非常之事。而事與心違，大欲未遂，矯而出此。倒行逆施，致成兩宮西幸之局。而國事危如纍卵，已亦身敗名裂。哀哉！

# 接濟四恆巨款

當載漪忞睢用事時，余適署順天府尹，有安撫地方之責。五月十八日，拳匪火燒前門外大柵欄某洋貨鋪，延燒廣德樓茶園，竟召燎原之禍。大柵欄以東珠寶市為京師精華薈萃之地，化為灰燼。火燄飛入正陽門城樓，百雉亦遭焚毀。此誠我朝二百年未有之變。鑪房二十餘家均設珠寶市，為金融機關。市既被毀，鑪房失業，京城內外大小錢莊、銀號匯劃不靈，大受影響。越日，東四牌樓著名錢鋪四恆，首先歇業。四恆者，恆興、恆利、恆和、恆源，均係甬商經紀，開設京都已二百餘年，信用最著，流通亦最廣。一旦停業，關係京師數十萬人財產生計，舉國皇皇。

余適入內奏事，忽奉旨，令於召見軍機後入見。向例臣工叫起，均在軍機之前，此次忽命留後，不知上意所在，心切惴惴。亟趨詣朝房祗候，晤慶邸，略談數語。忽蘇拉來報，端郡王已到門。余素無一面之緣，無從款敘。湙入門橫目以視，故為不屑之狀。慶邸亟謂彼曰：「此是順天府尹陳某，在此預備召見。是我們衙門舊同事，署任京兆，現在地面上事全虧他。」渠唯唯。余甫與周旋，內監已傳旨命余入見。兩宮問地方安靖否？後問所管近畿各州縣有無民教相仇之案續行發生？未謂昨日四恆因鑪房被毀，周轉不靈，呈請歇業。四恆為京師金融機關，豈可一日閉門？我命步軍統領崇禮設法維持。他與四恆頗有往來，又係地面衙門，容易為力。詎彼只有叩頭，諉為順天府之事。爾是地方官，本難卸責。此事究應如何辦理，我想四恆本非無錢，不過為鑪房所累，一時不能周轉。如以銀根見緊，官家可先借銀給他，從速開市，免得窮民受苦。爾可回署，傳諭該商等妥籌辦法，以三日內辦好為妥。承旨出，剛相候於門外，對余曰：「四恆事太后曾向我談過，我謂非君不辦。但奉託一言，勿論如何，切勿牽累當鋪。至囑至囑。」余奉命已覺毫無辦法，聆剛相言更不知其意何在。」

當即回署，傳見大、宛兩縣。詎兩縣均係油滑老吏，不獻一策。治中王君係忠厚長者，詢之，亦不得要領。此事關乎民生市面，又奉特派，詎能任意延宕、空言搪塞？經歷邢君進而言曰：「尹署有事，治中、兩縣、經歷同見。接濟四恆，先須籌款。京師城廂內外，當鋪約一百十餘家，均係殷實股東。若命兩縣傳諭，每家暫借銀一萬，共有一百十餘萬，可救暫時四恆之急。且當鋪均有股實股東，聞剛相亦有當鋪三處。」始悟剛相切托，毋牽累當鋪者以此。余謂：「市面如此恐慌，當鋪與四恆風馬牛不相及，豈可以官勢硬借？」邢謂四恆局面恢闊，各家當鋪均借有四恆之款，此時不過借官面，為渠籌劃拔耳。余謂：「君言甚善，惟早間奉上面諭，允拔官款佽助。既有官款，何必累及當鋪？現與諸君但商此時如何承借，將來如何歸還，暨如何分配，如何抵押種種手續耳。自維一介窮京曹，與四恆素少往還，不知該商等內容底細。今奏借官款，勿論內帑，勿論部帑，責任均由順天府一人擔負。萬一四恆將來不能歸還，又將奈何？」僉云：「此屬可不必顧慮，京中大宗商務，如木廠、洋貨莊、山西票莊、糧食鋪、當典鋪，均借有四恆銀兩，必有借券為據，即以借券作抵押品。如奏請一百萬官款，即令四恆將各商借券一百萬，存入府庫備抵，豈不切實？」余以為可行，斟酌再四。票商殷實，並有山西老號為根據，當商縱令關閉，架上有貨，亦較他商為切實，卒以二者借券為抵。議定，余挑鐙自行削草，漏夜繕摺。翼早奏上，奉旨允行，人心為之大定。

查原奏係請官款一百萬兩，計內帑五十萬兩、部帑五十萬兩。內帑五十萬，越日即行發出。部款五十萬，余請於王文勤王公韶（時官戶尚），比時戶部為董福祥駐兵，司員星散，部庫亦被封鎖，無從領取。而四恆需款甚急，文勤亦無所措手。適遇戎曹舊僚友某君告余曰：「聞君處分四恆事甚好，商民莫不感誦。戶部現駐董軍，部款未能領出，自係實情。但該部有內庫在東華門內內閣後門東偏，聞之先輩言，庚申文宗幸熱河，瀕行，敕戶部提銀一百萬存入內庫，此時當尚存在。何不一查。」翼日，入見文勤，備述始末。文勤曰：「微君言，吾亦忘之。」立時傳諭所司，開庫發款，分交四恆領訖。厥後，兩宮西幸，洋兵入京，東華門為日兵佐守護。全權入京，百事待理，部庫五百萬餘款，均由某國捆載東去（赫德為余言）。而全權辦事處設立，需款孔亟，余猶密令陶君大均權商日官，將內庫剩存五十萬兩聯車運出，以濟急用。事後思之，誠為始願所不及云。

## 許、袁蒙冤

端邸挾貴倚勢，盛氣陵人。漢大臣中稍有才具者，必遭忌克。當拳匪火燒正陽門，中外釁端已啟，朝廷猶不忍毅然決裂，特於五月廿一、二、三等日連叫大起，召見王公、貝勒、軍機、內閣、六部九卿，面詢方略。每日兩次召見於西苑儀鸞殿東暖煖閣。兩宮背窗北面坐，門由西進。座前設御案一，與門相距咫尺。臣工揭簾入，由御案前經過，均往後跪。案前數尺地，由近支親王、軍機重臣環跪，便於參贊密勿，他臣不敢越過。詎是日早起，嘉興許文肅公景澄進門稍遲，視閣內人數擁擠，無從退後，乃跪於御座旁。軍機大臣仁和王文勤公文韶，首言外釁萬不可開，使館尤宜保護。端邸當面呵斥，文勤汗流浹背，俯首不敢再言。皇上緊握文肅之手，謂：「爾出使外洋多年，現又在譯署當差，必有處置善法。」文肅對如文勤所言。返支王公群相責備，人多言雜，不得要領而退。迨午後二次叫起，各大臣咸在儀鸞門外朝房伺候。袁忠愍公昶忽謂濂公（名載濂，端王兄）曰：「圍攻使館，此係野蠻辦法，德使已被戕，倘各使再有傷害，各國豈肯干休？彌天大禍，即在目前。請向端邸切說，不可孟浪。」言時聲淚俱下，頓失常度。濂公怫然曰：「此事我不能管，爾可逕向端王說話。」未幾，兩宮叫起，各大臣懾於天威，咫尺不敢進言，但靜候上頭處分而已。連叫三日大起，仍不得要領而散。從此端邸切恨許、袁二公，殺機即伏於此。七月初三日，兩公菜市正命，舉國銜哀。

越數日，余謁榮文忠於邸第，商酌彈壓地面方略。董福祥排闥直入，謂文忠曰：「此事從何說起？頃間端邸傳見，令我添兵攻取使館。我兵已損傷不少，豈可再調。」言次悻然。文忠漫應之。余料其尚有他事，先辭出。福祥告文忠曰：「我看陳府尹狠好，不知端邸何以大說渠閒話。」文忠曰：「陳府尹與端邸各辦各事，如風馬牛不相及，閒話從何而來？我見端邸可代為疏通。」越日，文忠入直，兩宮發下端邸封奏一件，共參十五人。首李文忠，次王文勤，均請即行正法。余第十五，摺中不言余由兵部出身，但言余由總理衙門出身，意余與洋人辦過交涉，因以罪余。時文勤甫入直房，文忠即將端摺置入匣內，不令文勤閱看。少焉，內奏事太監傳旨入見，諸事承旨畢，參摺尚存御案上。太后無語，皇上視文忠，冀有轉圜之策。文忠奏曰：「中外決裂如此，全係載漪作成。今日又有封奏，不知載漪願將祖宗天下，鬧壞到如何地步，方始罷休！」太后矍然曰：「我亦不以彼為然。今日封奏，著即擱起，勿庸議。」文忠碰頭，回顧王文勤曰：「可速碰頭謝恩。」文勤重聽，此呈全不知底細，尚以為獲邀賞賜上方珍件也。迨退入直廬，文忠以原摺交其閱視，文勤驚喜交集。

余以署任人員，日在槍炮林中，力顧考成，代人受過，太覺不值。言於文忠，請令王君培佑回府尹任。文忠初不允奏，嗣以端邸與余有意見，恐蹈危機，因奏飭王培佑回本任。太后謂：「陳夔龍署事以來，百廢俱舉。且經手承辦要件甚多，何能聽其交卸？」文忠謂：「陳夔龍奉辦各要件，已有端倪，既有本任人員，似應令其到任歷練，俾免曠職。」太后始允。既而曰：「陳夔龍辦事得力，無端令其交卸，未免面子下不去。」文忠謂：「誠如上言，查王培佑現署太僕寺卿，亦係三品大員，可否即令陳夔龍署理？」旨曰：「可。」余遂於七月十二日卸府尹任。迨二十一日北京不守，兩宮西狩，余無守土之責，獲免清議。惟有漸汗而已。

# 端王欲炮擊使館

董福祥圍攻使館，相持日久。一日，端邸忽矯傳旨意，命榮文忠公以紅衣大將軍進取。紅衣大將軍者，為頭等炮位，國朝初入關時，特用以攻取齊化門者。嗣後並不恆用，棄藏至今，形式僅存。即訪當年諳習演放炮彈兵弁之子孫，現存亦屬寥寥。炮身量極重大，非先期建築炮架，不適於用。以地勢言，此項炮架，須建立於東安門內東城根，城外即御河橋，橋南西岸迤邐數十步，即英使館。統計由城根至使館不及半里，各國公使參隨各員並婦孺等均藏身於館內。該館屋宇連雲，鱗次櫛比，倘以巨炮連轟數次，斷無不摧陷之理。不知該邸何以出此種政策。此炮放出，聲聞數里，宮中亦必聽聞，亦斷不能演而不放。文忠心頗憂之。繼得一策，以炮彈準否，全在表尺。表尺加高一分，炮位放出必高出一尺之外。密囑炮手準表尺所定部位略加高二三分。轟然發出，勢若雷奔電掣，已超過該館屋脊，視線出前門直達草廠十條胡同，山西票商百川通屋頂穿成巨窟。該商等十數家環居左近，一時大驚，紛紛始議遷移。越日，收拾銀錢帳據，全數遷往貫市暫住。厥後，洋兵入城，各種商號均遭損失。西號獨克保全，不傷元氣，未始非此炮之力。各使經此番震撼，益切戒心。當議約時，各使猶復提及此事，意頗悻悻。余私謂李文忠公曰：「當日演放炮彈時，尺碼若不加高，恐使館已成灰燼，各使亦難倖存。不過肇禍愈烈，索款愈多。求如此時之早定和局，戛戛乎其難矣！」文忠亦以為然。

# 李秉衡之兩端

海城李鑒堂督部秉衡，以川督奉命巡閱長江。維時拳教相訌，沿江各督撫會電略謂，內地拳民不可恃，各國戰事不可開，洋洋千餘言，推督部領銜。朝廷雖不盡從，亦尚未顯示決裂也。自日本書記生山杉彬、德公使克林德先後被殺，戰事已起。某相國、某上公奏保督部知兵，電召來京。時維七月初三，正許、袁兩大臣授命之日。督部入景運門，某上公迎之於九卿朝房。余適有他事，與馬軍門玉昆酌商（軍門奉命馳天津督戰），同在朝房。督部昌言於眾曰：「前次沿江督撫電奏，我不知情，係張香濤竊用我名領銜。李中堂在廣東亦有電奏，朝廷任用此種人，焉得不誤大事。」某上公聞之，趨奉惟謹。亦若督部一到，前敵指揮裕如。督部亦沾沾自負，不憚顛翻沿江聯銜前議。迨其後請訓赴津，夤夜馳往榮文忠公邸第，屏退侍從，密謂文忠曰：「洋兵如此利害，戰事哪有把握？我此番往前敵，但拚一死。可速電召李中堂迅即來京辦理和議。」文忠愕然曰：「君早間請訓，吾輩一同入見，君謂民氣不可拂，邦交不可恃，戰事必有把握，頗動兩宮之聽。何一日之間，所言自相矛盾如是之甚也。」督部默然，匆匆辭去。詎甫至楊村，所帶部曲半已譁潰，督部亦遂吞金自盡。倘於請訓之時，以對文忠之語密陳於兩宮之前，未始不可回聖意。比時捨戰言和，各使適困館中，轉圜較易為力，條款亦何至如後此之虐，西狩之行更可中止，國計民生保全甚大。督部不此之務，始以大言欺世，繼以一死塞責。畢命疆場，誠得所矣，而君子不取焉。

# 籌辦西狩車馬

余由庚子五月十七日署順天府尹，七月十二日卸任，為時不及兩月，承辦要件極多，而奉旨督辦京津一帶轉運事宜，尤為重要。時以釁端已啟，成敗未定，特命府尹籌備大車二百輛，以備萬一翠華西幸之用。爰假轉運軍需之名，以鎮人心而備緩急。都下風鶴告警，京員眷屬紛紛南下，日需車馬為數不少。既經出京，一時不能遄回，輦下車馬更形缺少。而董福祥、余虎恩所帶之兵，到處搶掠。京員自有之車馬，大半被劫。總以上情形，一時驟辦二百輛大車，甚非易事。因思京通十七倉，花戶約數十家，夙為倉蠹。彼等氣魄甚大，每戶以少數計，約有大車數十輛或百輛。若假以詞色，令其急公奉上，仍從寬給價，彼既享優價之利，而又得報效之名，寧非所願。爰令大、宛兩縣剴切曉諭，該倉戶等均各樂從。不三日間，車轔馬蕭，輻輳於尹署左近。

余為編號，暗以兵法部勒，五車為一起，二百車分為四十起。遇有前敵各軍應需，車輛更番轉運，限七日為來回。然勿論前途所需如何緊急，必留車三分之一，不准撥動，專備內廷臨時之用。詎余甫卸任，後本任王君不甚解事，遇有各軍需車，盡數支取。而通州一帶敗兵充斥，擄掠橫行，此項車馬一去不能復還，三日之間署為一空。余時猶居署內，偶一出門，祇見署之左近，空諸所有，不似日前肩摩轂擊景象，心竊異之。

詎十五日八鐘，軍機處蘇位傳信，謂趙堂請即刻前去談話。趙堂即趙尚書舒翹，時以刑尚入直軍機，兼管順天府尹事。余疾趨入內，尚書謂余曰：「頃間兩宮有西行意，問君前辦之車馬尚存若干？」余謂「前辦大車二百輛，因前敵各軍轉餉孔急，截至十二交卸日止，計發出一百二十輛，留存八十輛，均專案移交後任收訖。」頃進內時，目睹府署前後左右，並無車馬。不知王府尹如何辦法，竟爾一輛無存。尚書愕然，囑余回署轉告本任，從速預備。余回告王君，渠驚懼之下，手足竟無所措，但有涕泣。余亦無可如何。

詎十六日八鐘，蘇拉又來，謂尚書請我仍到軍機處說話。余謂：「是否並約現任順天府尹偕往？」答曰：「並不請王府尹。」余心頗不謂然，第不能不往。余謂昨囑預備車馬一事，已轉告王府尹，渠焦急萬狀。今日公何不約渠商辦，而又促我前來，詎另有他事相委。公謂上西行意甚切，非車馬不行。此事保之（王府尹字）如何辦得來。我意請君不分畛域，助予一臂。前僱車馬既已載運無存，煩君另行代購二百輛以供上用。余云：「此事此時，萬辦不到。從前人心未去，號令能行。各倉戶尚在京中，車馬在家，徒費膏秣。一經官家收用，咄嗟立辦。今則人心皇皇，倉戶避亂，轉徙一空。勿論二百輛，即二十輛亦無從僱用。此層請公原諒。尚有為公申明者，從前奉旨命順天府尹籌備車馬，余固順天府也，自應遵旨承辦。今余已交卸，負責自在順天府尹。第恐兩宮不察，謂余係承辦之員，此時既有延誤，應余執咎。余雖不敢分辨，倘因而獲重罪，詎非冤甚！乞公於召見時，代為分別婉陳，免滋余咎。」並謂：「余今日即移家南城，不復寓署內。明日公若為此事，盡可向保之商辦，勿再約我。即約我亦不能來。」故示決絕，以免糾纏。實則尚未移家也。

詎十七日八鐘，蘇拉又來傳信，謂禮親王在軍機處即刻候余說話。是日，正值徐、立兩尚書、聯閣學授命之期。昨夜拿交提署，已有所聞。舉家正深惶懼，今忽聞禮邸請余說話。妻女相對愁慘萬狀，不知此去是吉是凶。繼而余妻許夫人慨然曰：「事已如此，勢難託故不去。君但放心前往，倘有意外不測，家中事我自任之。」余不顧而去。詎知一到軍機處，仍係尚書出見。乃知尚書慮以己名約余不來，故特假稱禮邸相約也。余疑慮頓釋，謂公今約余，又係何事？尚書執前說，謂上問究竟能預備若干？但有數十輛亦可濟用，不必二百輛之多。兩宮體恤如此，君敢不相助為理乎！余故詢公曰：「今日順天府來否？」公謂他不能辦事，未曾約他。余至此不能不急，且不能不怒矣。因斂容對曰：「此乃順天府應辦之事件，我現在並非順天府，一切事權不屬。公捨現任順天府不問，而獨向余責難，豈以余為可壓制，而將坐余以諉謝之罪耶？」正彼此爭執間，榮文忠忽由宮門趨出，謂車馬之事，上知一時無從預辦，太息曰：「既無車輛，我們決計不走便了。」尚書聞之喜甚，余數日憂懼為之頓釋。正擬退出，適徐侍郎承煜趨進，與文忠密語。余從旁竊聽，大約監斬徐尚書諸人事，顧盼自適。文忠默然不發一言，侍郎喋喋不休。文忠厲聲曰：「我尚有事，不必再談！」掉頭回北屋。余亦乘車歸寓。許夫人及吾女，已望眼欲穿。越四日黎明，兩宮竟西行矣。余不能麻鞋間道奔赴行在，迄今思之，較深內疚。

# 岑春煊之崛起

西林岑制軍春煊以門蔭官水部，洊升京卿，因緣時會，出任粵藩。戊戌政變為康梁牽累，幾遭嚴譴，從寬改調甘藩。庚子勤王，帶隊由蒙古草地馳廿餘日夜達京師。各省勤王兵無一至者。制軍一旅不啻從天而降。兩宮褒獎逾恒，承恩遂由此始。余適為京兆尹，任京津前敵各軍轉運事。制軍詣余索取車馬，意在馳往前敵助戰。維時李鑒堂督部甫出京，督帶余虎恩、張春發各軍馳往楊村等處。軍事孔棘，督部惟拚一死以塞責。大局已不可收拾。制軍親率材官、健兒，由草地來京，僅百數十人，餘軍尚馳驛需時。余言之榮文忠公曰：「楊村已將不守，通州勢成岌岌。李鑒帥全軍恐致覆沒。若令制軍繼往，不過同歸於盡。人才難得，須愛惜之。」文忠曰：「君意云何？」余謂：「某奉旨辦理轉運事宜，陽為接濟前方戰事，實則專備兩宮西幸，不至臨時周章。查昌平地近南口，為入宣府、大同要道，不如姑令制軍駐兵此地，藉資休息。徐觀世變，為異日之用。」文忠謂然。制軍不知底細，臨行意頗怏怏。余亦不便明告之。

未十日，都門飛牡，翠華西狩，道出南口，制軍就近首先迎駕。旋扈蹕由晉而秦，極蒙恩齎，遂躋開府，總制川粵，官符極其煊赫。後為項城所尼，不安其位。辛亥鐵路風潮，全國震駭，特起督蜀。甫至鄂中，武漢已發大難。余時任北洋，電保制軍移督湖廣，責以規復鄂垣。詎知已微服扁舟，潛回滬瀆。卒徇黨人之請，首先列名，電迫朝廷遜位。臣節不終，識者惜之。當制軍膴仕時，憑恃恩寵，嫉惡如仇，頗有赫赫之名，與南皮（張之洞）、項城（袁世凱）相鼎峙。時論南皮屠財，項城屠民，西林屠官。三屠之名，流傳幾遍中外。又謂南皮有學無術；項城有術無學；西林不學無術。此言殊不盡然。制軍幼承庭訓，雅負權略。余官京曹時，曾見其受業於吾鄉李苾園尚書之門，執弟子禮甚恭。部務之暇，輒手持一卷，拳拳服膺云。

# 庚子留守北京

兩宮西狩為七月二十一日。余時尚在尹署，當與京尹王君培佑商酌，謂：「和議即在目前，府尹為地面官，衙署局勢極宏敞，洋員必來尋問。君若不遠引，余願偕君同洋員向機應付，徐圖補救之法。」王君無遠略，但思逃避。余謂：「君若離此地，余無守土之責，不得不先君行矣。」適前敵運輸車馬遄回數輛，余急乘之，偕妻女出署。許夫人不令余車先行，自為前驅，謂迎面倘遇敵兵，拚作一死，留余身為國家效力。友人胡硯孫觀察延，因亂回秦，所寓在黑芝麻胡同，僅派家人看守。當即驅車暫寓胡宅。所見沿途避亂平民，萬人如蟻，均往西行，鴉雀無聲，景象極為悽慘。困處胡宅三日，一無所知，但聞洋員並無惡念，亟覓慶邸（奕劻）議和。偶思譯署總辦舒君文，在署資格最深，與總稅司赫德頗有交誼，所居東四牌樓九條胡同，與余宅望衡相對，中僅隔於甬道，爰命僕向彼探問各方消息。維時敬尚書信、裕尚書德、那侍郎桐均在彼處（後均升任大學士），苦不知余之住址。聞余尚在京，均各欣然約余速往，會商要事。緣舒與赫德已經浹洽數次，又得日兵駐宅保護，隱然成為辦事機關。諸公述赫德言，各公使尋覓慶邸甚急，意在出而議款，甚至邸宅探尋多次。不如據此聯銜具奏，請飭令慶邸回京議約，便宜行事，與各國公使浹洽。

余謂此論良是。但各國指名請慶邸還京，萬一兩宮不諒，慶邸亦在嫌疑之地。不若據情奏請欽派親信大臣，會同慶邸來京開議，較為妥善。僉謂為然。由余擬就奏稿。時聖駕已抵山西大同，慶邸因病留滯懷來行館。稿雖擬定，無人口投。譯署舊友吏部郎樸君壽（後官福州將軍，殉辛亥之難）亦在坐，平時頗以白首馮唐為感。余謂樸君曰：「君欲建功立業，此其時矣。」一盍冒險一行。眾亦慫恿之。樸遂允。由余另擬上慶邸公函，詳述原委，所具奏摺，即請慶邸專弁遝達行在，守候恩命。摺中具銜者八人，崑中堂岡領銜，以次敘列。慶邸接見樸君後，即將原摺派弁馳遞大同行在。時兩宮正啟鑾幸太原，接到此摺件，即命慶邸迅速入京，並未另簡他人，但電催李文忠迅速到京會同辦理。第駕幸太原時，竟將慶邸眷屬全行擕去，亦可以測上意矣。此八月初三日事也。同日，並派會銜入奏之八人為留京辦事大臣，漢大臣僅余一人，實為慚幸。

初十日，慶邸入京，傳諭明日午後一時，同在北城廣化寺會面，並約赫德同來（庚申恭邸接見洋員，即在此寺）。余與諸大臣均到。河山風景，舉目懸殊，不禁相對飲泣。款議須俟文忠蒞京，始能著手。先商之赫德，轉告各兵官，先行開放各城門，俾四鄉糧食、菜蔬照常入城，以維生計。並戒各國軍隊強佔民房，搶掠姦淫，以保人格。赫德一一允諾。浹旬陰霾，已見一線曙光。此會誠大有造於商民也。

赫德謂城內有外兵駐紮，可保無虞。附畿各州縣鎮市，聞尚有議和團勾串土匪、潰兵，肆行殺掠外人，嘖有煩言。此事中國地方官應負責任。倘外兵出而剿洗，玉石俱焚，所傷實多。慶邸謂余曰：「爾可行知順屬各州縣，一律設防自衛。」幾忘卻余已卸京兆任。余謂現任府尹王君培佑，不知逃匿何處。大、宛兩縣消息，亦復寂然，容即託人探訪。慶邸莞爾曰：「我以為爾尚是順天府。但雖卸任，此事總得幫忙。」余唯唯。邸又囑將此次會晤情形，詳細擬稿，即日六百里馳奏（時電線已斷）。昆相（岡）起而言曰：「徐中堂桐以身殉國，從容就義，擬請附奏請恤。」慶邸勃然變色曰：「徐相已死，可惜太晚了。倘早死數日，何至有徐小雲（用儀）尚書論斬之事。」因言十七日早間，徐尚書諸人已拿交軍署。軍機入見，傳旨片交刑部，即行正法。榮相碰頭籲懇，謂外邊消息甚緊，京師岌岌可危，不宜駢戮大臣。即令有罪，亦須審訊明確。況本日係文宗顯皇帝忌辰，例應停刑，可暫交刑部獄中，訊明再辦。上不允，而徐侍郎承煜已承命監斬。

文忠退出殿外，與我相遇，即曰：「今日又殺小雲，駭人聽聞。此人必須保全，他日議和亦得一臂助，擬與君再行請起，代為乞恩。」又曰：「此數日間，吾二人亦犯嫌疑，恐難動聽。不如邀同蔭軒（徐桐字）、文山（崇綺字）四人請起，力量較大。君在此少候，我立約彼等即來。」先商文山，謂與小雲雖無深交，亦無意見，可以同往。迨約蔭軒，渠冷笑謂文忠曰：「君尚欲假作好人？我看此等漢奸，舉朝皆是，能多殺幾個，才消吾氣。吾子奉命監斬，不能代乞請。」文忠廢然而返，曰：「事不諧矣。冥冥之中，負此良友，奈何！奈何！」此七月十七日事。小雲諸人之命，實斷送於此人之手。假使小雲尚在，今日議事，多一解事之人，豈不甚善。渠死事遺摺，我不能代奏。慶邸談次，意極憤。余等聞之，均各憮然。此為全權入京第一次會晤洋員，商辦和議之肇端，余故詳為之記。

# 義和團索米

拳民雖恣睢暴戾，尋仇擅殺，然亦尚知敬重長官。余署京兆尹時，各城門、鬧市均設神壇，雖親貴大臣經過，喝令下輿行禮，不敢不遵也。獨余車過時，知為順天府，謂係父母官，轉學西人舉一手為禮。一日，余正在宅中與仲山尚書茗談，僕人來言，有大師兄求見。延之入，立於階下，持剛相名片一紙，謂現因會中人數太多，饔飧不給，所寓某寺與府中所設平糶局相近，擬借撥京米二十石備用。俟籌有錢米，即行奉還。余尚遲徊，尚書謂，彼等亦君之子民耳，不如給之。當即繕發諭帖，令其持向局中與該局委員浹洽，如數撥用。時天際濃雲密布，大雨將至。該拳民仰天太息曰：「我等亦係好百姓，倘上天早半月降雨，四野霑足，早已披蓑戴笠，從事力作，那有工夫來京作此勾當。」所謂「盜亦有道」也。翼日謁剛相，手出軍機處交片一紙，係交倉場撥米三百石備用，囑余就中劃還，余謂將來平糶事竣，於報銷冊中聲敘數語可耳，此時勿庸汲汲撥還也。

# 崇禮避禍

古語有之：「塞翁失馬，安知非福？」此言良信。當拳匪肇禍時，崇尚書禮時任步軍統領，責司地面，與右翼總兵載公瀾臭味差池。載公言之端邸，意欲甚之而未有間。適四恆歇業，兩宮召尚書維持市面，尚書諉之於余，上意頗不懌。端邸以有間可乘，遂謀去公。奉旨開去步軍統領，以莊親王載勛補授。勛固諂事端邸惟謹，而迷信拳教者也。步軍統領又名九門提督，即古之執金吾，管理京師地面，權勢重要，騶從尤極煊赫。公卸任之次日，以理藩院尚書入直，遇余於東華門，一同下車進內。尚書往昔入直，材官、箭手、左右侍從約數十人，每過九陌，軟塵飛揚十丈，朝野群相豔羨。至是入內，侍者僅僕役二人，與余相似，意頗蕭索。顧謂余曰：「今日太不成局面。」余謂京師拳民充斥，彈壓非易。提督一官，尤難稱職。公已輕輕擺脫，豈不甚善？尚書默然。厥後，載勛任事，一味縱容拳匪，殺人放火，靡日無之，卒造成蒙塵之禍。各國公使在京議約，懲辦罪魁，載勛首罹其殃，適為尚書替人。猶憶洋兵入城時，以尚書曾任提督，禍幾不測。邸第為東城之冠，已為洋兵佔據。原存四恆銀七十萬兩，無從索回，隻身寓西北城窮巷養痾。余曾往存問，尚書惟有太息。余曰：「當日公若久任提督，則今日罪名恐不屬之載勛矣，余方為公賀，公何戚戚為？」

# 署理順天府尹

慶邸入京後，各官民避難離京漸次來歸。大、宛兩縣由京西來謁。探知王京兆培佑尚在固安，函約來京，與余同見慶邸。王君貿然曰：「此時北京太不成局面，各國弁兵紛紛佔據，幸得邸堂到京，請令各公使速將洋兵全數移紮城外，不得在城內居住。」慶邸無詞以對，旋即送客。繼謂余曰：「此人太不曉事，如何能作府尹！」即日專摺，請以余補授。疏入允准，並令隨同全權辦理議款。又旬日，李文忠（鴻章）抵京，余遂秉承兩全權襄辦和議。

京師每屆冬令，貧民眾多，順天府向設粥廠，兼放棉衣。兵燹之後，庫帑無存，不得已，電寄山東袁慰亭中丞、上海盛杏蓀（宣懷）京卿，請各助棉衣褲五千套，即日運京。一面商之日本軍官，索回祿米倉小米兩廒，分設粥廠十餘處。孑遺之民免受饑寒，私心稍慰。維時公約未定，俄使請另訂俄約，先行結束東三省要案。各使不謂然，日本公使爭之尤力。而俄政府不顧也，速電俄公使催促文忠辦理。文忠亦以為可，速電行在，乞先允俄所請。雖兩全權列名會電，每於發電後，始知照慶邸。一日將夕，慶邸忽令材官促余到府說話。時洋兵分據地段，下午七鐘以後不能通行。翼辰往謁，邸以電奏閱看，並謂李中堂任意堅執，竟徇俄人之請，我可耽不起此項罪名。我擬奏劾之，爾可代削一稿。余沉思良久，笑謂邸曰：「急脈似宜緩受。此項電奏到西安，必難邀允，不過仍飭令兩全權合併公約，和衷商辦。今貿然奏劾，兩宮必疑兩全權先不和衷。文忠雖係重臣，究是外臣，邸則皇室懿親。倘因全權不能和衷，生出枝節，貽誤議款，朝廷責邸必較責李相為嚴。且目前正在用人之際，李相又為中外安危所繫。邸縱奏劾，試想兩宮能允許乎？既不邀允，試問兩全權隨時與各使議約，相見之下，何以為情。」邸云：「然則如何？」余謂可將此案詳細曲折情形繕函密寄西安樞府備查。此間仍和衷辦理公約事宜。俄約一事，各國既不允另案先結，行在亦斷不允許。於公義私情，庶幾兩全。事遂中止。李相亦微有所聞。

辛丑三月，余奉簡河南布政使。李相告邸，議約需才，會電留余，俟和議告成，再赴本任。五月，各國撤兵，交還駐兵地面。順天府為日本軍官駐地，該軍官意頗留戀，不肯即時讓出。余故使其長官聞知，飭令交還。甫經接收，即日移寓署中。督同兩縣查看屋宇，均尚完好。各房檔案文卷，一無所有。署外照牆，日官告示張貼層疊。體制攸關，爰飭兩縣以修理牆壁為辭，漏夜洗刷淨盡。翼日，余出署，即有原駐署中之日官帶領兵士以拜謁為名，逕至署內，逐一查勘。繼見甬壁上彼等所出示諭均已除去，頗為驚異。蓋彼不料余進署如是之速，辦理各事又如是之整肅也。旋奉修理蹕路工程之命，同被命者張都御史百熙（後升尚書）、桂侍郎春、景侍郎灃。從事匠作者又三月餘。時兩宮已由西安啟鑾，初擬由潼關北渡。繼改道先至汴梁，俟萬壽後再行回京。慶邸忽奉電旨，速往開封祝釐。意恐各使尚有違言，須慶邸到汴面詢底細。邸意遲疑，囑余往商李相，代為一決。時李相已移居私第，病莫能興。聞余來，延入臥屋相見。余謂：「慶邸現奉召入汴，人心頗為驚皇。」李相謂：「兩宮召邸，大約不放心來京，慶邸不可不去。」余故謂現在中堂抱病，慶邸倘再離京，若大京師，何人主持，似多未便。公強起曰：「可告之慶邸，京中議約及譯署事，我任之；地方事，爾任之。慶邸可放心前去。總之，慶邸不去，兩宮不來。」言盡於此。余轉告慶邸，遂定期就道。詎啟行之日黎明，各官均在西車站齊集恭送。倏見楊蓮甫（士驤）觀察神色倉皇，就余言曰：「昨夜外部侍郎徐進齋（壽朋）忽焉病逝。中堂三更嘔血盈盌，神智昏迷。邸堂將行，此後外交事何人承任？」少焉，慶邸到站，即將侍郎病故、中堂嘔血升餘一一告知。慶邸頗驚詫。火車開行有定時，難以久留，匆匆上車去。但囑我輩小心辦事而已。

先是，李相宣言：「陳筱石外放藩司，我不贊成。目今外交才少，此人應留京大用。」余聞之，切切私慮，以汴藩夙稱優缺，京僚獲簡，不啻登仙。若改京職，依然清苦，詎窮命應如是耶。今進齋病故，外部侍郎一席，僉謂非余莫屬，姑且聽之。詎事有出意外者，武進某京卿，外交、財政均其所長，而尤醉心督撫。一聞進齋之耗，恐被特簡，特密電西安政府，謂那琴軒侍郎曾任斯職，必堪勝任。進齋遺摺上，琴軒果奉簡矣。適蹕路工程將次竣工，命余赴汴藩新任，在中途迎鑾。未即啟行，李相騎箕仙去，兩宮震悼。慶邸甫抵汴，即命迅速回京。余聞邸將回，不能不在京稍候。又慮邸到京後，留我襄辦俄約。未幾，又奉署理漕運總督之命，位列封圻，慶邸亦不便強留。爰即南行，在河南宜溝驛迎鑾。兩宮召見，嘉勞有加，即日真除。送駕至直隸磁州，跪安後，折回汴梁。取道徐州，赴淮浦接篆任事。余遂為外史矣。時辛丑年十二月事也。

# 辛丑條約之簽署

辛丑和約，肇於庚子之亂，條款之酷，賠償之巨，為亙古所未有。當時主款議者，幾為眾矢之的。旁觀不諒，責備之嚴，誠不足怪。庸詎知當局之負詬忍尤，艱難應付，有非楮墨所能罄者。當庚子七月廿一日，兩宮西行，各國軍隊入京，慶邸隨扈，因病留滯懷來縣。適奉全權之命，八月初十入京。合肥李文忠早經奉命來京議約。甫卸粵督任，權寓滬上，直至閏八月十八日始到京。先行傳見稅務司赫德，遍拜各國公使。各國統兵大臣，尚未能接見也。此為議和之始步，各公使與各軍官先行商酌條款。有此國以為是，他國以為非者，有各公使以為然，而各軍官否認者。類如駐兵及防護使館，拓充守衛使館汛地，並營建炮臺、兵房等事，均由軍官主議者，各使不得干預。紛紛擾擾，三月有餘。迨議款粗有成局，各使遣員來告，並出示草案，謂向各軍官苦口商酌，竭力爭執，始允如此定議。明知條款之酷虐，但中國鑄此大錯，亦實無可如何。現有一言奉告，將來條款送到，中國政府萬不可一字駁復。須知我等公使責任在重修舊好，各軍官則窮兵黷武，意在直搗西安。中國政府若允照款議，自奉旨之日起，戰事即為結束。各軍官但辦交地、退兵等事，軍費大宗，即於此日截止。隨時再由中政府與各使妥商節目，徐圖補救大綱之所不及，豈非輕而易舉。若一時嫌條款酷烈，不允照辦，各軍官聞之，群相起鬨，誠恐兵事一起，動員令一發，為害胡可勝言。比時各公使竭盡能力重訂議款，原有各條款自難刪去，不知又增出幾許條件。試問中國尚能領受乎？即幸而仍照原款定議，但經此波折，不知又費幾許時日。即以兵費一項而論，恐又加增數百萬以上。兩全權以各使所論各節，意在關切而非恫喝，爰即密電行在備案。

開議之日，先期由領袖日斯巴尼亞公使來照，謂該使館廨宇狹隘，座位無多，來賓請以十人為限，意極驕蹇。維時李文忠公病臥賢良寺寓所，不能蒞會。慶邸約余及那琴軒相國（時官戶部侍郎），並法、英、俄、德、日五翻譯偕赴日館。各公使與參隨各員咸集。首由領銜日使將約文節略朗誦一過，面交慶邸。邸答以今日承各公使面交和約一件，容即電奏西安行在，俟奉有電旨，即行恭錄知照，隨將來件交余收存，辭各公使出。各使亦不遠送，意謂此乃中國求成也。慶邸謂余曰：「端王等迷信拳匪，肇此大禍。今日會議席間令我難受。我為國受辱，亦復何說。爾速將各使交來條約，送請中堂閱看。即日會銜電奏行在，冀邀俞允。此事今日必須辦竣，電奏稿不必送我酌定；但於發電後抄稿送閱可耳。」辭甫畢，匆匆乘輿去。余回顧那相，詎知感受他項激刺，兼在使館中為爐火蒸薰，出館復經朔風撲面，寒熱大作，登時患病，不能偕往。余隻身往賢良寺，始知文忠病迄未適，不能見客。當以此事緊要，詎能延誤？商之楊蓮府同年（楊士驤，時以道員充文忠幕，後官直隸總督），先將條件呈文忠一閱，再行請示方略。蓮府笑謂余曰：「中堂此時沉沉昏睡，約件集三寸許。詎能一一過目？不如由老憲臺代擬電奏稿，呈中堂閱定，即行電發，較為便捷。」余以事體重大，詎可擅便，蓮府復曰：「軍機迅急，間不容髮。今日不辦，萬難推到明日。此稿憲臺不擬，試問何人敢擬？」余正躊躇如何下筆始能動兩宮之聽。文忠之四公子季高世兄出謂余曰：「家君昨日曾經說過，此次奏件須用重筆。」余笑答曰：「如用重筆，祇好請出宗廟社稷，方可壓倒一切。」爰即本此意擬一電奏稿，交季高送入臥內，請文忠閱定，即刻電發。迨電訖，余抄稿持送慶邸閱看，時已午夜。化干戈為玉帛，此其發端。至今思之，閱時已二十五年，情事猶如在目前也。

當和約電奏寄到西安，兩宮逐一閱視，以償款數目太巨；懲辦罪魁太重；德使克林德建碑京師，有關體制；防護使館，將六部、翰林院劃入界內，堂子祀天重地，亦須遷移，其他各款種種苛求，堅不允行。榮文忠公婉言力陳，以事機迫切，非俯允不能弭患。慈禧慍甚，謂請皇上斟酌，我不能管。次日，北京全權電催，以各使專俟准駁確信，以定師行進止。文忠復據以上陳。慈禧謂：「兩全權但知責難於君父，不肯向各使據情據理力與爭辯。我既不管，皇上亦不管，由你們管去罷！」言畢，將電稿擲地。文忠皇恐萬狀，不敢再陳，惟有伏地碰頭。皇上徐曰：「爾等亦勿庸著急，明日再說。」文忠回邸，私議視此情狀，明日上去亦無結果，惟時全權電信又到，情形迫切。文忠喟然歎曰：「此事責任在我，惟有淡中著筆，從權辦理，庶幾有濟。默視慈禧之意，未嘗不知非允不可。不過允之一字，難以當面說出。」

越日入見，此事暫不提及。先將他事請旨訖，繼云：「前日兩全權電奏之件，已閱數日，刻間又有電來催，前已面請聖旨，可否由奴才等下去酌擬一稿，呈請改定，再行電發？」慈禧默然，繼而曰：「如此亦好。」文忠退出，即與樞府諸公查照來電之意，大致以宗廟社稷為言，姑為允准。擬具電旨，不敢再請起面呈，即交內奏事處總監，呈請睿鑒。旋傳旨：「知道了。」文忠得旨後，即行電發，京中即日接到。知照各國公使，和議遂由此定局。此係庚子十二月杪之事。迨辛丑十一月，余奉命迎鑾，在河南彰德行在，獲見文忠，文忠為余縷述之。並云：「爾等在北京應付各公使，所處極難。我在西安於兩宮前委曲求全，得以了結此事，所處更難。今幸回鑾在途，河山如故。然一思去年縱拳諸公鑄此大錯，其肉豈足食乎？」

# 懲辦庚子禍首

和約第二次開議，懲辦禍首。各公使訂期在英館齊集。該館屋宇軒敞，並不限定中政府預會人數。維時李文忠公病癒，與慶邸同入坐。隨往者仍那相與余及翻譯各員，與上次相埒。全權中坐，各使環坐。余與那相坐於全權之後，各使對我情誼較為聯絡，禮貌亦較前次恭謹。英使首先發言，謂：「今日特議嚴辦禍首一條，有名單一紙在此。但某意此案罪魁，確係端王一人。若能將端王從嚴處置，其餘均可不論。不知全權之意如何？」慶邸謂：「端王係皇室懿親，萬難重辦。各國亦有議親議貴之條，此事斷不能行。我前日於私邸曾對諸君說過，諸君亦無他議，何以今日又復申此說？」英使笑曰：「我亦知其辦不到也。」言次將單開各員名及所擬罪名，逐一朗誦，請中國照辦。單內人多，難以備錄。中如莊王載勛、右翼總兵英年、刑部尚書趙舒翹、山西巡撫毓賢，均請從重論，餘以次遞減。全權告以莊王、毓賢誠有罪，總兵英年當時並無仇洋實權，不過聯銜出有告示，原難辭咎，但詎能正法？至重不過斬監候罪名。至趙尚書舒翹，僅隨剛相往近畿調查情形一次，所居地位亦無仇洋之舉，更無罪之可科。即謂其不應附和剛相，革其任亦足蔽辜，詎可重論？各公使亦唯唯。

文忠復謂：「前數日諸位所言罪魁，並無啟尚書秀、徐侍郎承煜在內，今日忽將二人加入，此是何意？」詞未畢，義公使起而言曰：「某前日謁中堂於賢良寺，曾問徐侍郎為人如何？中堂告余曰，此人不好。七月初三，監斬許侍郎景澄、袁太常昶，即是他；十七監斬徐尚書用儀等，也是他；二十一日，兩宮西狩，逼令其父徐相國桐自盡者，又是他。此種人，中國不辦，各國只好代辦。」至啟秀之罪，日公使亦獲有憑據。文忠愕然曰：「我不過隨便一句話，爾竟據為實錄。」慶邸以他語亂之，義使始無詞。時已傍夕，各使謂，今日開議此案，未能議結，殊為可惜。請先散會，明日再具照會。慶邸出館時，私謂余曰：「看此情形，英年、趙舒翹或可減罪。」詎越日，各使聯銜照會送到，堅執如故，不能絲毫末減。而德使復慫恿其統帥瓦德西，以急下動員令相恫喝。厥後均如來照辦理，罰如其罪者固多，而含冤任咎、捨身報國者，不得謂無其人，只有委之劫數而已。

# 榮祿執掌武衛軍

戊戌變政後，慈禧臨朝訓政。電召北洋大臣直隸總督榮文忠公入輔，命以大學士管理兵部事務，在軍機大臣上行走。所有近畿各軍統歸節制，責任優隆，彷彿惠邸之於咸豐朝，恭、醇兩邸之於同治朝。公以余為兵部司員，素諳兵制，特派贊襄戎政一切事宜。余受知最深，誼應贊助。顧有不得不長慮卻顧者，竊以樞臣既操用人之權，不宜更預征伐之柄。地近則侵官，功高則震主。雖云殊遇，實蹈危機。爰具呈謹辭特派差使，並請公具摺力請收回節制各軍成命。呈中有句云：「此日之責成既重，他日之責備必嚴。九重之威福無常，四海之人心難饜」等語，其他則余忘之矣。文忠接呈後，即謂余云：「君所言於理甚正，愛我尤深，極可佩感。奈余昨奉命時，兩宮諄諄付託，不准固辭。並擬特賞佩遏必隆刀，以肅綱紀而懾群慝。余已碰頭力辭。今若再行陳奏，復何說之辭。」上意謂近畿各軍，如宋慶毅軍，輩行最老；聶士成淮軍，勤於操練；董福祥甘軍，驍勇好鬥；袁世凱新建陸軍，專尚西操。各有所長，而均各不相下。非有人督率而鼓勵之，不足以集其長而收厥效。

嗣復命名武衛軍，分為五軍，聶士成前軍、董福祥後軍、宋慶左軍、袁世凱右軍，公自統中軍。訓練十年，庶幾緩急有備。余復密上一呈，略謂：宋慶、聶士成、董福祥均係百戰驍將；袁世凱兵事閱歷較淺，然意重西操，亦足於湘淮各軍暮氣之後力求振作。該員等專以練兵為責，固可日起有功。若中堂所處地位與彼等不同，晨參密勿，午理部務，夜見僚屬，傯焉日不暇及，試問尚有何時得以細柳立營，都堂肄武？似不若中軍但立一最高幕府，仿前代舊制，更番調各軍入衛。凡調京操練者，即為中軍。彼服其勞，我享其逸；彼分其任，我合其群。相習相親，庶可收指臂之效。文忠初亦謂然。嗣以武職員弁多所干求，同事者又各利其用。董君福祥復薦其摯友張君俊充任翼長，而中軍遂立，日與各軍相周旋。文忠間數日一臨蒞，卒以事冗神疲，適形其苦。余偶一謁見，公輒云：「悔不用爾條陳之言。」

# 肅順之跋扈

文宗晚年，肅順用事，專權納賄，盈廷滿漢大臣，均仰鼻息。新城陳子鶴（孚恩）尚書尤諂事之。榮文忠之先德，以總兵殉金田之難。公以羽林孤兒，服官工部。一日，內廷某殿角不戒於火，文忠適進內，隨同駐門侍衛、護軍等，搶先救護。文宗遙見一衣絳色袍官員，詢是何人。御前大臣查明，以公名對。即蒙召見，並詢家世。知三世為國捐軀，嗟賞久之。未幾，戶部銀庫郎中缺出，由各部保送人員候簡，遂蒙硃筆圈出。爾時肅順任戶部尚書，與陳尚書均與文忠先德有世交。肅順喜西洋金花鼻煙，京城苦乏佳品。尚書偵知文忠舊有此物，特向文忠太夫人面索。太夫人以係世交，兒輩亦望其噓拂，因盡數給之。尚書即轉贈肅順，並以實告。肅順意未饜，復向文忠索取，瓶之罄矣，無以應付。肅順不悅，以為厚於陳而薄於己。文忠無如何也。文忠好馬，廄有上駟一乘，特產也。肅順亦命人來索，公復拒之。綜此兩因，肅順大怒，假公事挑剔，甚至當面呵斥，禍幾不測。公請於太夫人曰：「肅順以薄物細故，未遂所欲，嫉我如仇。此官不可做矣！」遂援籌餉例開銀庫優缺過班，以道員候選，閉門閒居以避之。

未幾，八音遏密，肅順由熱河護送梓宮回京，內外臣工參奏，奉嚴旨論斬。行刑之日，文忠先赴菜市口候之。肅順下車仰天大罵，咆哮不休。狂悖如此，可想見當權時之氣燄。公目睹其就刑，公憤私怨，一旦盡釋，特往酒市一醉。厥後陳尚書因肅順牽累，為御史奏參，查抄發遣，借寓三藐庵僧房。文忠往視，詎寺僧勢利，僅給破房一大間，四方風動。時已冬令，尚書猶著棉袍。謂文忠曰：「肅順獲罪，與我何干。不料亦為人陷害。往時至親密友不少，迄無人來看我。難得世兄雪裡送炭，感激之至。天氣漸寒，身邊尚無皮衣，即日須往新疆，川資全無所出，世兄能為我一謀乎？」文忠慨允之。尚書所住房，以敝幃隔成內外間，尚書夫人在內嚶嚶而泣。文忠請見，夫人曰：「我無顏面見世兄。我早知肅順凶狠，必賈大禍，力勸爾伯父不可與之交往。弗聽我言，至有今日。現在悔已無及，不特家產盡絕，尚要充軍萬里。」言訖淚隨聲下，文忠盡然不樂者數日。尚書後抵伊犁戍所，卒為回匪戕害，論者惜之。文忠又謂，以相法言，肅順長身玉立，鳶肩火色，頭部上銳下豐，全係火形，五行火形最少，亦最貴。

但忌聲嘶，肅順豺聲，是以不克善終。並謂滿司員後官一品某君，形貌與肅順相似云。

# 南沈北李結怨

國家大政有二：曰行政，曰治兵。綜光緒一朝，榮文忠公實為此中樞紐，文忠沒而國運亦淪夷。詩云：「人之云亡，邦國殄瘁。」斯言豈不諒哉。穆宗崩逝，德宗入承大統，聖躬僅四齡耳。文忠時以工部侍郎、步軍統領兼總管內務府大臣。內務府一差，權位與御前大臣、軍機大臣三鼎峙。御前班列最前，但尊而不要；軍機則權而要；內務府則親而要，武侯出師表所謂「宮中府中，俱為一體」也。文忠負權略，敢於任事。當穆宗上賓時，夜漏三下，兩宮臨視，痛哭失聲。內務府諸臣均在殿前屏息伺候。少頃，慈禧語慈安曰：「事已如此，哭亦無益。我們回去歇歇罷。」文忠跪奏，謂：「此間尚有宗社大事，須兩宮主持，萬不能回宮。請召軍機、御前並近支親貴入見。」兩宮命文忠傳旨。適恭邸已到，貿然云：「我要迴避，不能上去。」不知其用意所在。樞臣文文忠（祥）扶病先至，寶文靖（鋆）、沈文定（桂芬）、李文正（鴻藻）繼到；同入承旨，德宗嗣立。醇邸聞之，驚懼失常度，昏撲倒地。懿旨令扶出，橫臥殿角，無人看顧也。登時悽皇慘狀，迨不如庶民家。御前大臣夤夜迎德宗入宮。恩詔、哀詔，例由軍機恭擬。文定到稍遲，由文文忠執筆擬旨，因病不能成章。文忠倉卒，忘避嫌疑，擅動樞筆。文定不悅，而無如何，思以他事陷之，文忠亦知之，防禦尤力，兩端遂成水火。文正與文定不相能，頗右文忠。黨禍之成，非一日矣。

某月日黔撫出缺，樞廷請簡，面奉懿旨：著沈桂芬去。群相驚詫，謂巡撫係二品官，沈桂芬現任兵部尚書，充軍機大臣，職列一品，宣力有年，不宜左遷邊地，此旨一出，中外震駭。朝廷體制，四方觀聽，均有關係，臣等不敢承旨。文靖與文定交最契。情形尤憤激。兩宮知難違廷論，乃命文定照舊當差，黔撫另行簡人。文定謝恩出，惶恐萬狀。私謂：「穴本無風，風何由入？」意殆疑文忠矣，然並無影響也。南中某侍郎（後官至尚書）素昵文定，與文忠亦締蘭交，往來甚數。文定囑侍郎，偵訪切實消息。侍郎遂詣文忠處種種偵視。文忠虛與委蛇。一日，侍郎忽造文忠所曰：「沈經笙真不是人，不特對不起朋友，其家庭中亦有不可道者。我已與彼絕交。聞彼惎君甚，因外簡黔撫事，謂出君謀，常思報復，不可不防。」文忠見其語氣激昂，且醜詆文定至其先世，以為厚我，遂不之疑，將實情詳細述之。侍郎據以告文定。從此結怨愈深。

# 榮祿宦海沉浮

會京師大旱，謠言蠭起，謂某縣某村鎮邪教起事，勾結山東、河南教匪，剋期入京。九門遍張揭帖。貝子奕謨據以面奏。兩宮召見醇邸，詢問弭患方略。醇邸因德宗嗣服，開去一切差使，閒居日久，靜極思動。奏請電調北洋淮軍駐紮京師，歸其調遣，以備不虞。文忠為步軍統領，方在假中，醇邸所陳方略，一切不得知也。以訛言孔多，力疾銷假，出任彈壓。兩宮召見，謂京師人心不靖，浮言四起，誠恐匪徒生心，擬調北洋淮軍入衛。文忠力陳不可，略謂京師為輦轂之地，旗、漢、回、教五方雜處，易播流言。臣職司地面，近畿左右，均設偵探。如果匪徒滋事，詎能一無所知？倘以訛言為實據，遽行調兵入衛，跡涉張皇，務求出以鎮定。事遂寢。醇邸聞之怒甚。文忠後知前議出自醇邸，亟詣邸第，婉陳一切。而醇邸竟以閉門羹待之，交誼幾至不終。內務府大臣一缺，亦遂辭退。文定知有隙可乘，商之文靖，先授意南城外御史條陳政治，謂京師各部院大臣兼差太多，日不暇給，本欲藉資幹濟，轉致貽誤要公。請嗣後各大臣勤慎趨公，不得多兼差使。越日，文靖趨朝，首先奏言寶鋆與榮祿兼差甚多，難以兼顧。擬請開去寶鋆國史館總裁、榮祿工部尚書差缺。時慈禧病未視朝，慈安允之。時論謂國史館與工部尚書一差一缺，繁簡攸殊，詎能一例？文靖遽以朦奏，意別有在。然文定意猶未饜，復摭拾文忠承辦廟工，裝金草率，與崇文門旗軍刁難舉子等事，嗾令言官奏劾，交部察議。照例咎止失察，僅能科以罰俸，加重亦僅降級留任，公罪准其抵銷。所司擬稿呈堂，文定不謂然。商之滿尚書廣君壽，擬一堂稿繕奏，實降二級調用。文忠遂以提督降為副將，三載閉門。

未幾，文定病逝。醇邸篤念舊交，欲奏請起用。文忠笑卻之。適德宗春秋已富，試習騎射，醇邸備有上駟八乘，作為文忠報效。奉旨賞收，加恩開復處分，旋補授京旗都統，駸駸大用。又為樞臣禮親王世鐸等所裁抑，外任西安將軍。甲午萬壽慶典，特令來京祝嘏。維時中日戰起，京師震動，居民紛紛遷徙，流言遂多。步軍統領福相國錕病不治事，人心皇皇。恭邸重領樞廷，揚言於眾，謂：「九門提督非借重仲華不可。」公謂提督一差，十年前曾任過，方今國家多難，本不敢辭。但昔為寶、沈媒孽朦奏，先開去工部尚書。今如以尚書兼差，始能承命。否則，願回西安本任。邇時無尚書缺出，不得已奏請以步軍統領兼總理各國事務大臣。翼年乙未，遂任兵部尚書。丙申四月，以協辦大學士馳往天津查辦事件，兼閱小站、蘆臺軍隊。凡袁世凱新建陸軍、聶士成淮軍，均歸節制，戊戌新政之前文忠奉命以大學士署直督兼北洋大臣。

八月，慈禧訓政，召文忠入輔，兼督武衛五軍，宋提督慶毅軍、董提督福祥甘軍，亦歸節制。督練甫年餘，庚子拳教啟釁，翠華西幸。文忠初命議款，繼命赴秦，仍直軍機。和約簽字，固由兩全權因應咸宜，而文忠造膝密陳，委曲求全，厥功尤偉，外廷不得而知也。回鑾後，奏設政務處，百廢待舉。不幸鞠躬盡瘁，希蹤武鄉。竊嘗論之：甲戌德宗入承大統，倉卒之際，文忠實預其謀。己亥大阿哥幾干大位，危疑之際，文忠能寢其議。綜計一身仕止存歿，實與光緒一朝相終始。文忠逝後不數年，兩宮龍馭上升，國體亦遂改革。白髮老臣，荒江臥病，追維昔款，不知涕之從何出云。再以上所言，半係親聞之文忠者，不敢一字假托也。

# 榮祿精柳莊術

榮文忠公精柳莊術。光緒丙申五月，余隨公赴天津查辦事件。公謂余，五年內必邀大用，時尚未補主事缺也。迨庚子升京兆尹，辛丑持節淮浦，適符五年之數。嘉定廖仲山（壽恒）尚書，余婭兄也。丁酉七月由倉場侍郎升任左都御史兼總理各國事務行走，與公同署辦事。一日，公忽謂余曰：「昨見仲山額上紫氣透頂，相書主外簡封疆，內升清要。晝日三接，恩遇優隆。然其驛馬並未發動，或者入直軍機。不出數日，定有分曉。」甫及五日，尚書果奉命在軍機大臣上行走。

公與許筠庵師應騤（時官都御史），奉派密雲查辦事件。奏調余及恩君良（號駿叔，時官兵部職方司掌印），筠師奏調刑部司員左君紹佐（號笏卿，後官御史，外簡廣東南韶道）、陳君昭常（號簡墀，後官吉林巡撫）為隨帶司員。治事之暇，公謂：「左君性情正直，遇事不肯遷就人，人亦不樂就之，與侍卿一官最宜，必任監司。」謂陳君相貌豐腴，將來可望大用，財運尤佳。余謂：「駿叔何如？」公曰：「駿叔才氣開朗，滿洲人員中亦少見。論其作為，雖那桐、端方亦不過如是。惟紫鬚黃目，與相不稱，將來命運，究不及那、端」等。後恩君洊升副都統。庚子之變，齎志以沒。又本司同事某君已記名一等，以道府用，僉謂指日必邀特簡。公謂此人面部下半瘦削，且左偏，相法最忌。能保首領，已屬萬幸，且運行已終，講不到外任之事。未幾，值庚子之變，其父某侍郎擬殉國難，正猶豫徘徊間，某君叱之曰：「不死何待！」急推其父入井中。鄰人深惡之。後洋兵入京者，駐侍郎宅內，知其不孝，竟遭槍斃。公有先見之明，歷歷不爽又如此。

## 軍機處之延革

國朝官制，軍機處為最要，始設置於雍正朝，歷五世至咸豐。爾時天子當陽，乾綱獨斷。任是差者不過秉承意旨，撰擬詔諭，靖共夙夜，即為盡職。文宗末造，洪楊倡亂，糜爛至十六行省。每遇疆吏奏報及統兵將帥六百里加緊奏牘紛至沓來，日不暇及。文宗每日召見樞臣，詢問方略。僉云：「敬候皇上訓示，不敢妄參一議。」聞某中堂年已衰邁，造膝時久，俯伏青蒲，竟至鼾聲大起。文宗聞之太息，但令內侍扶出，不忍加以責備。卒由上當機立斷，某事如何處分，某股賊匪責成某大臣剿辦；某疆吏有意推諉，力加申飭；某將領剿匪出力，破格獎勵。一一處分訖，樞臣承旨而出。當時聖躬憂勞如是。厥後兩宮垂簾，親賢夾輔，一國三公，事權不無下移。各有聲援，黨禍遂因之而起。

同治末年，穆宗親政未久，龍馭上賓。德宗沖幼，仍請兩宮垂簾。比時恭邸領班，長白文文忠、寶文靖、吳江沈文定、高陽李文正，均一時賢輔。第和而不同，雖為美政，卒至群而有黨，未克協恭。文忠多病，文靖但持大端。當時推吳江主筆，高陽不肯附和。吳江勢孤，急召門人湘撫仁和王文勤（文韶）相助。仁和賦性圓融，不敢為左右袒。吳江病逝，高陽柄政，意在延納清流，以樹羽翼。南皮張香濤（之洞）閣學（後升大學士）、豐潤張幼樵（佩綸）侍講（後升學署副憲）、宗室寶竹坡（廷）學士（後升侍郎）、瑞安黃漱蘭（體芳）侍讀（後升侍郎）均以清流自居，慕東漢士風，輒以平章國故，摩厲群僚為己任。文正一一延攬。假借講官之力，排斥異己，仁和竟不安其位而去。

當時清流橫甚，文正亦為所挾持，聲望頓為之減。法越事起，朝野僉責樞府處置失宜。甲申三月，適奉嚴旨，樞廷五大臣全行退黜，降罰有差，北屋為之一空。誠百餘年來未有之事。另簡禮親王世鐸、閻丹初（敬銘）、額小山（勒和布）兩相國、張子青（之萬）尚書（後升大學士）、孫萊山（毓汶）侍郎（後升尚書）同直軍機。諸臣均不諳內廷規制。越日，復命前充軍機處領班章京仁和許星叔侍郎（庚身，後升尚書）入直。時內政清明，八方無事，饒有太平氣象。然借海軍為名，營建園居，糜款至數千萬，亦樞臣將順之過也。

朝鮮事起，中日失和，時則許尚書已物故，閻、張、額、孫諸大臣先後退出。甲午冬，仍起用恭邸暨高陽李文正、常熟翁文恭（同龢）兩相國。丁酉，高陽病歿。戊戌春，賢王薨逝，常熟被逐，朝局又為一變。八月訓政，特召直督榮文忠公入京柄政，並統武衛五軍。庚子民教啟釁，兩宮蒙塵，卒能鐘簴無恙，法駕回京，固由兩全權因應咸宜，而文忠造膝密陳，默回天聽，其功為尤巨。蓋樞府得其人則治，不得其人則亂。此中機括，間不容髮。迨文忠病逝，繼任非賢，爭權納賄，伐異黨同。不及十年，大盜竊國，陽借共和之名，暗窺神器。國既不存，而軍機處三字，亦遂無人過問矣。

# 會試之神助

從來報施之說，儒者不廢。無心求報，其報愈神。前在蜀幕中談及文誠（丁寶楨）在籍治鄉兵辦賊、毀家紓難事。公慨然曰：「昔年袍澤效命疆場者，不下數千人。久思奏請優恤，立祠饗祀，曾倩王壬秋（闓運）孝廉代擬一稿，不合奏疏體裁，擱置未用。忽忽又數年。久竊高位，無以慰死者於地下，言之心怛。爾時公並未命余削稿，即余亦無心見好於死綏諸君子也。」第年少好事，特就公所述大概情形，率成一疏呈閱。公謂中、後段文義悱惻纏綿，微嫌前段敘事尚與當時事實未能符合，因略加改竄。並將唐中丞炯前在川所帶援黔各軍陣亡將士，一並敘入。另行清稿交繕摺處繕發。由擬稿至封發，時甫三日。摺弁回，已奉旨：准於死事地方建祠。昔日黃沙白骨悉化青磷，誠宇宙間至慘之事。至是而春秋享祀，獲以升俎豆而薦馨香，公心為之大慰。

繼余辭公北上，適經某逆旅，夜中夢至一官廨，堂上設公案，中虛一位，余旁坐，案左右陳列各名冊，高可盈尺。堂下武裝軍士累累，群向余叩首訖，歡欣鼓舞而去。醒後語計偕馬君柘村。馬君曰：「君殆積有大功德，故得此夢兆，今科必中無疑。到京應試，首場第一日，夜三鼓，接到題紙，首題為「子張問行」，全章節目層出，頭緒紛煩，略一構思，竟無從著手。自維久慣落第，恐又虛此一行矣。姑假寐，忽夢中有人告曰：「速起。」天甫明，正拈毫屬稿，第覺筆尖飛動，不假思索，汩汩其來，三藝一氣呵成。冥冥之中，殆有神助。二、三場亦如之。榜發果獲售。後二十六年余升授川督，請假回籍省墓。戊申元日敬謁文誠公祠，昭忠祠即在其右。入祠虔拜，不覺百感交集。時唐鄂生中丞丈致仕家居，約余於文誠祠相見。余述茲事始末，中丞亦為嗟歎不已云。

# 廖壽恒仕途坎坷

余與嘉定廖尚書壽恒，先後隨任黔中，同為泰和周氏婿。嗣締姻錢塘許氏，又係尚書作伐。許夫人為尚書夫人之胞妹，重重姻婭，交誼彌敦。尚書由翰林洊升卿貳，揚歷遍六曹。第宅東華門外，東偏有餘屋數楹，約余同居。地近觚稜，遠隔南城十餘里，可謝絕一切酒食徵逐。散衙之暇，得以半日讀書，尚書之賜也。以文字受主知，凡春秋二試暨殿廷考試讀卷、閱卷各差，無役不從。第尚書不專以文學擅長，尤能洞達政術，力持大體。丁文誠前官蜀中，改訂　章，剔除中飽，百餘萬盡數歸之公家。奸商不便，屢嗾言官條列細故，冀翻舊案。適蜀中另有他事，上煩聖慮。甲午夏，命尚書與滿洲某尚書馳驛查辦。溯川鹽改章之初，文誠但持大綱，其間恤商便民，酌盈劑虛一應事宜，均前四川建昌道升任滇撫唐中丞炯力主其事。

中丞先德湖北布政使威恪公樹義，與某尚書父某巡撫同官鄂省。維時武昌不靖，滇督吳文節（文鎔）公移節湖廣，奉命督師，檄威恪另領偏師殺賊。時兵餉未集，應展師期。某巡撫棊文節，兼嫉威恪，連檄催戰。文節憤甚，逕往黃州授命，威恪亦殉節京口，軍勢為之一挫。曾文正公為文節弟子，騰章上訴，並陳某巡撫種種陷害狀。嚴旨責問。某巡撫畏罪自裁。此咸豐初年事。不圖某尚書今日乃積矢於中丞，檢查舊案，吹毛索瘢，全案幾為翻覆。尚書力持不可，謂此案如鐵鑄成，久經風雨，迄不動搖，後之人惟須率由舊章。公家已收無窮之利，即有一二承辦之員奉行不善，但當補偏救弊，濟法之窮，而不可首先壞法。議遂寢。雖觸滿尚書之怒，不顧也。

尚書官譯署久，一領京倉，旋升臺憲，遂擢禮部尚書。甲午中日一役以後，政府意見不無差池。常熟遂去海鹽，特保尚書入樞襄助為理。剛相棊之。戊戌夏，常熟被逐，尚書勢遂孤。時仁和在政府，與尚書情誼甚篤，而旨趣不同，每語人曰：「吾黨中人，仲山火氣太重。可想見正色立朝之概矣。」變政事起，榮文忠公入領樞垣，一意扶持善類，尚書安於位者年餘。迨文忠有事東陵，剛相遂以他事中之。樞、譯兩差，先後開去。

庚子中外肇釁，董軍與拳匪大逞淫威，東半城尤甚。徐相國桐、孫文正家鼐第宅，悉遭搶掠。余適任京尹，移居府署，第與尚書同居十二年，豈可不顧而去，遂約尚書暫時同寓署內，以避凶鋒。三忠授命，謠傳尚書亦有嫌疑，幾遭不測。兩宮西幸，尚書避亂昌平。兩全權入京議約，余再為府尹。爰派弁持護照，迎尚書來都，相見憮然。扁舟南下，獲遂蒓鱸之願，亦云幸已。年華荏苒，尚書久騎箕尾，余亦衰病侵尋。刻以公子君時避兵來滬，棖觸余懷，昔夢前塵，歷歷在目。不覺其詞之蕪而感之深也。

# 丁寶楨之清廉

嘗讀《論語》，於令尹子文之忠、陳文子之清，低徊往復，不能置之於懷。求諸近世，於吾鄉丁文誠公，如或遇之。公起鄉兵，毀家紓難，厥後率師勤王，褒獎之詔凡六下，懲辦私出內監安得海，中外震驚，勳名尤為赫赫。侯家林、賈莊兩次合龍，省費以數百萬計，均東撫任中事。督蜀時奏改鹽法，剔除中飽，百餘萬悉數歸公。雖奸商勾結言官，騰章奏劾，謠諑繁興；至欽派大員查辦，初革職留任，繼以三品頂戴署任，繼以四品頂戴署任，卒賴朝廷鑒公無他，始終倚畀，績用有成，可謂忠矣。以上數大端，彰彰在人耳目，勿庸覼敘。

至公之清，有非他人所能及，亦非他人所及知者。余謁公於蜀中。蜀為天府，地大物博，總督名位煊赫，宜其取精用宏矣。詎知公一清如水，夔關每歲例解公費一萬二千兩，川鹽局籌定每年公費三萬兩，均一介不取。所入者僅恃養廉一項。官雖制府，每年止養廉一萬三千兩，不及江蘇、河南巡撫養廉之數（兩省巡撫廉銀每年萬五千兩），自奉部章減成發給，實計所得僅一萬一千兩。藩司按月分解不足千兩，一切幕僚薪工，均取給於斯。加以公自奉甚儉，待人甚厚，親戚故舊所識窮乏，希冀恩澤者不計若而人。公日在窘鄉，曾備衣篋一，用印文封固。每值缺乏，命材官賫入質庫，質銀二百金濟急。俟廉銀收到，即行取贖。曾見廚役向公索帳，出言不遜。公忿甚，欲驅遣之，而又無錢清還舊欠。正擬持衣箱付質庫，適成綿道王蓮塘觀察源來見，審公氣色改常，徐謂曰：「公何憂之深也？」公謂：「實不相瞞，刻與廚役淘氣。藩司本月廉俸尚未送來，我又不便函催，是以窘耳。」觀察回署函知藩司，立將廉銀送到，乃得解此糾結。

合署幕僚佩公清風亮節，均能敦品，各自刻苦。每值年節及公誕辰，群相趨賀，至不能備官衣，但以雙靴一帽，支應典禮而已。公自奉每食四簋，而賓、祭獨豐。平生嗜好與和嶠適相反，身後一棺，蕭然幾不能自給。嗚呼！晚近以來，沽清名以欺世者多矣。實勵清節如公者，吾未之見也。乃歎公之忠不可及，公之清尤不可及。

# 許庚身之練達

仁和許恭慎公，武林望族，科第傳家，一時鄉里有「五鳳齊飛入翰林」之譽。公以壬戌進士殿試，高列二甲第二名，例用庶常，時充軍機章京。南天烽火，飛書羽檄。沿江各將帥一切進止徵調，均取決於中樞。公仰承旨意，俯籌方略。邸樞各堂，倚為左右手。公亦感激馳驅，雖列上第，仍呈請歸中書本班兼軍機處行走。仲父文恪公以公不入玉堂為憾，公弗顧也。甲子五月，簡放福建鄉試副考官，時八閩未靖，疆臣疏請暫停考試。繼而兵事粗定，仍請如期舉行。得旨：正考官仍著原派之員去，副考官另簡他員。而公留京不遣。翼日入直，恭邸（奕訢）一見即道歉曰：「昨福建副考易人，慚無以對君。祇因江南軍事得手，金陵省城即日可望克復，論功行賞，樞府必有許多應辦之事，非君莫屬。故特奏留君襄贊一切；典試學差，下科再行倚重。」公無如何也。

未幾，南京克復，捷音到日，時已過午。公與直班王大臣均未敢直，遙見外奏事處司員，手捧雞毛檄文，由景運門入乾清門，面交內奏事處宮監，恭呈御覽。公等從旁窺看，係八百里加緊公文一件，綴以夾板，大書「克復南京省城」六字。露布風馳，萬民稱慶。公自謂任差南北兩屋垂三十年，每日在憂勤惕厲中；所稱心適意者，祇此「克復南京省城」六字耳。惟時樞臣恭候召見。公急問恭邸曰：「此番召見，皇太后、皇上必詢問金陵省城共若干門，何門瀕江，何門倚山，暨東、南、西、北各方向。似須先有預備，免使臨臨時張皇。」邸云：「我未到過南京，一切茫然。上如問及，憑何以對？」意頗焦灼。公袖出一書曰：「此乃高宗南巡盛典第幾卷，詳繪金陵省城地圖。曾中堂攻取金陵已非一日，何處駐兵，何處挖濠，何門包圍，何門進取，屢次奏報，曾經敘明。某均於此圖中拈有紅簽，並列小注，閱之一目瞭然。請攜帶手旁，以備顧問。」恭邸大悅。迨召見趨出，對公一揖曰：「今日召見，全仗君先有預備。敏練之才非某等所及。」指樞垣中坐謂公曰：「將來此坐定屬君矣。」既而果然。此係公親告余者，遂筆諸書。

# 丙戌趕考

丙戌正月，余由伯兄穀城縣署北上應試，道出光化，與馬孝廉柘村偕行。馬君為伯兄乙酉湖北鄉試分房所得士也。行經河南滎澤口渡河。南省公車紛紛競渡，車多船少。由辰至午，竟難擊楫中流，勢須頭批船隻運達彼岸，回空船到，方可成行。維時朔風肆虐，塵沙撲面，重裘幾不能支。遙望渡旁，數十武有一小村落，驅車往詢，知為邵家莊，同居一姓，為康節先生後裔。當令僕夫暫將車騾卸下，以惜馬力。余與馬君坐於車箱避風候船。莊內一老翁憫余等勞苦，特約至宅內烘秫稭火，並以小米粥相餉，意極可感。左屋設一藥肆，司事者另一翁，工柳莊術，顧謂余曰：「君等上京求名，不辭辛苦。觀君額角滿現黃氣，此番到京，定卜高中。異日名位，不可限量，可為預賀。」詢柘村能聯捷否，笑而不答。自維潦倒風塵，匆忙十載。此來河干待渡，徘徊渡口，但有憔悴可憐之狀，敢詡鳶肩火色，希冀賓王？聞翁所言，亦姑聽之。

少頃，輿人來告，黃河中流泊有一船，當辭邵翁，立即驅車喚渡。日已嚮夕，匆匆上船，但聞河冰東下，打船有聲。仰視半輪殘月，掩映天際。迨登北岸，夜漏已交亥矣。舟中以梅村「一鞭夜渡黃河宿」詩句為題，與柘村各賦試帖詩一首。禮闈榜發，果然獲售。馬君暫時鎩羽，均如所言。後十八年來撫中州，馳往河上查工，道出滎澤口，為昔日停驂同渡之地。邵翁之子來見，詢其父，已委化多年；藥肆善相之某翁，早經他適，若存若沒無從問訊。棖觸前塵昔夢，不覺感慨繫之。俯仰之間，如同隔世矣。爰於工次為邵翁之子位置一事，藉資饘粥。大河南北，一時傳為佳話。今忽忽又二十年矣，拈筆述此，不盡憮然。

# 劉坤一之通達

寧鄉劉忠誠公坤一，以軍功起家，歷任封疆垂三十年，惠政甚多。庚子拳匪之變，公適任兩江總督，倡議與滬上各國領事，互簽保護東南長江一帶之約。不動聲色措天下於磐石之安，其功尤偉。而虛懷雅量，尤有不可及者。余與公素無一面之緣。辛丑冬，奉命督漕，甫抵徐州，公偵知，即由南京來電，謂脾弱多病，兩江地大事煩，實難勝任。徒以時艱恩重，未敢懇辭。江南地方自揣可照料，江北地面遼闊，界鄰數省，伏莽最多，實難遙制。特請余迅速到任，督率鎮道府縣嚴辦冬防，以懾賊膽而鎮人心。如鎮道有不率教者，盡可先行會銜奏參。緣同官一方，均有地方之責，切勿稍存畛域。一面嚴札鎮道，所有江北一切剿匪、治河方略，就近請示漕帥辦理，不必遠道請示，輾轉需時，徒滋貽誤。公如此推誠相與，匪特鎮道服從維謹，即余亦不敢以客卿自居。蒞任一年，盜戢民和，為淮上積年所未有。未幾，而公在江督任內病故，余亦調任中州。回憶同舟共濟之雅，詎可復得。而繼任者，遂難乎其人矣。

# 重修正陽門城樓

庚子京師拳匪之亂，正陽門城樓化為灰燼。辛丑兩宮回鑾有期，余奉命承修蹕路工程。以規制崇閎，須向外洋採辦木料，一時不能興工。不得已令廠商先搭席棚，繚以五色綢綾，一切如門樓之式，以備駕到時藉壯觀瞻，然費帑已數萬金。余旋外任，此項工程無人過問。漕督歲支養廉約九千五百兩，公費亦有萬兩。余素崇節儉，不尚奢靡。當節省歲入一萬兩，作為報效重修正陽門城樓之需，以為各疆吏倡。計全國二十一行省，大省報效二萬，小省報效一萬，可湊集數十萬，何難剋日興修。詎皆置若罔聞。遲之又久，某督入覲，面奉懿旨，謂門樓為中外觀瞻所繫，急須修建。漕督曾報效銀一萬兩，各省督撫受恩深重，而竟置之不理，不知是何居心。太息久之。某督承旨後，始行電商各省，多方湊集，得銀三十餘萬兩，剋期興工。經歲而工告竣，都城百雉頓復舊觀。惟查各省所籌之項，均係提用正款，並求一解私囊而不可得。南省某督素負盛名，至謂如此巨款，可惜徒事工作，何不移作興學之用，較有實際。寧知學堂之害，於今為烈。試問今日革命巨子，何一非學生造成？棄禮蔑義，無父無君，恐非某督九京之下所能預料者耳。

# 禁止私運米糧出洋

米糧私運出洋，為江南一大漏卮。余官京朝時已有所聞。抵漕督任後，凡僚友至維揚來謁者，昌言不諱。奸商勾串官吏，通同作弊。由某人過手，由某口出洋。舳艫銜接，一季運出米石難以數計。而揚州守令陰主持之，以致不能窮詰。余派員馳往，密為偵察，獲有實據。漕督有管轄淮揚地方之責，原可直接參辦，第江督劉忠誠待我厚，諄諄以江北諸事相委托，知而不知，公義私交，均有未協，況此事應由彼主持，當即咨請查辦。

忠誠接閱後，登時震怒。以私運米石出洋為地方大害，揚州府縣膽敢庇縱；江寧僅隔一水，院司道府盲然無知，致煩漕督來文詢問，尚復成何事體，於面子上亦多未便。初擬命材官持大令至揚，將守令拿往於江寧，嚴行處治。嗣恐人心震駭，姑從寬先行撤任，即交運司程雨亭都轉儀洛，歸案審訊。霹靂一聲，貪吏震慴。一府兩縣同時撤革，官方為之一肅。詎揚州府石守與鄂督張文襄係屬至戚，文襄欲為緩頰，已來弗及。但諉過於余，謂漕督多事。厥後忠誠仙逝，文襄繼任。檢閱案牘，歷歷有據，無從與該守開脫。復謂人曰：「即令實有其事，惟係江督責任，與漕督何干？仍不免多事」云。不圖公忠體國之大臣，竟出此等論調，竊所不解，而忠誠之遺澤遠矣。

# 卷二

# 剛毅之粗鄙

常熟翁協揆（同龢），學問家世冠絕班行。兩充帝師，名高望重，而禍亦隨之。當戊戌廷試後，德宗御太和殿傳臚禮成，駕還宮，召見軍機，謂協揆曰：今科狀元夏同龢與師傅同名，誠為佳話。足見君臣一德，遭際攸隆。翼日，為公揆辰，兩宮先期賞賚，亦極優渥。詎公入直謝恩，忽奉嚴旨，驅逐回籍，即日出京，不准逗留。霹靂一聲，朝野同為震駭。公到籍後，閉門謝客，日在山中養痾。迨八月政變，康梁獲罪。剛相時在樞府，首先奏言：「翁同龢曾經面保康有為，謂其才勝臣百倍。此而不嚴懲，何以服牽連獲咎諸臣。」維時上怒不測，幸榮文忠造膝婉陳，謂康梁如此橫決，恐非翁同龢所能逆料。同龢世受國恩，兩朝師傅，乞援議貴之典，罪疑惟輕。上惻然，僅傳旨交地方官嚴加管束。協揆奉嚴旨後，始知夏間獲譴，係由剛相構成。因謂人曰：「子良（剛相號）前充刑部司員，由余保列一等，得以外簡。厥後以粵撫入京祝嘏，適額相奉旨退出軍機，余即力保子良繼入樞垣。雖不敢市恩，實亦未曾開罪。不知渠乘人之危。從井下石如此！」嗟歎久之。客有告協揆曰：「剛相識漢字無多，聞在直時，每稱大舜為舜王；讀「皋陶」之「陶」字，從本音；並於外省奏摺中指道員劉鼒為劉鼐。」經公當面呵斥，渠隱恨，思報復久矣。公熟思良久，曰：「是吾之過也。」

# 榮祿奏保袁世凱

甲午中日之役失敗後，軍務處王大臣鑒淮軍不足恃，改練新軍。項城袁君世凱，以溫處道充新建陸軍督辦。該軍屯兵天津小站，於乙未冬成立。當奏派時，常熟不甚謂然，高陽主之。詎成立甫數月，津門官紳嘖有煩言，謂袁君辦事操切，嗜殺擅權，不受北洋大臣節制。高陽雖不護前，因係原保，不能自歧其說，乃諷同鄉胡侍御景桂，摭給多款參奏。奉旨命榮文忠公祿馳往查辦。文忠時官兵尚，約余同行。甫抵天津，直督王文勤公文韶傳令，淮練各軍排隊遠迓，旌旗一色鮮明，頗有馬鳴風蕭氣象。在津查辦機器局某道參案畢，文忠馳往小站。該軍僅七千人，勇丁身量一律四尺以上，整肅精壯，專練習德國操。馬隊五營，各按方辨色，較之淮練各營，壁壘一新。

文忠默識之，謂余曰：「君觀新軍與舊軍比較何如？」余謂：「素不知兵，何能妄參末議。但觀表面，舊軍誠不免暮氣，新軍參用西法，生面獨開。」文忠曰：「君言是也。此人必須保全，以策後效。」迨參款查竣，即以擅殺營門外賣菜傭一條，已干嚴譴；其餘各條，亦有輕重出入。余擬覆奏稿，請下部議。文忠謂，一經部議，至輕亦應撤差。此軍甫經成立，難易生手，不如乞恩姑從寬議，仍嚴飭認真操練，以勵將來。覆奏上，奉旨俞允。時高陽已病，仍力疾入直，閱文忠摺，拂然不悅。退直後，病遂增劇。嗣後遂不常入直，旋即告終。足見其惡之深矣。袁逾年升直臬，仍治軍事。戊戌四月，文勤內召，文忠出領北洋。袁君夙蒙恩遇，尚能恪守節制。

# 袁世凱依附榮祿

維時新政流行，黨人用事，朝廷破格用人，一經廷臣保薦，即邀特簡。袁熱衷賦性，豈能鬱鬱久居。倩其至友某太史入京，轉託某學士密保，冀可升一階。不意竟超擢以侍郎候補，舉朝驚駭。某學士以承筐菲薄，至索巨款補酬。輦轂之下，傳為笑話。袁君遵旨來京，預備召見。入見後，傳聞有旨，以文忠大逆不道，令赴津傳旨，即行正法。所有直督一缺，即以袁補授；並帶兵入京圍頤和園。袁謂天津尚有蘆臺聶士成一軍，曾經百戰，兵數倍於新建陸軍，圍園之事，萬不敢辦。至傳旨將直督正法，亦恐辦不到。或俟九月兩宮赴京閱操，相機進行。

八月初三，袁探知朝局將變，惘惘回津。文忠佯作不知，迨其來謁，但言他事，絕不詢及朝政。袁請屏退左右，跪而言曰：「今日奉命而來，有一事萬不敢辦，亦不忍辦，惟有自請死。」文忠笑謂：「究係何事，何匆遽之甚？」袁袖出一紙呈閱，並觀文忠氣色行事。文忠閱竣，正色告曰：「大臣事君，雨露雷霆無非恩澤。但承旨責在樞臣，行刑亦有菜市。我若有罪，其願自首入京，束身司敗。豈能憑爾袖中片紙，便可欽此欽遵。」袁知事不諧，乃大哭失聲，長跪不起。文忠曰：「君休矣，明日再談。」因夤夜乘火車入京，晤慶邸，請見慈聖，均各愕然。

越日，奉硃諭以朕躬多病，恭請太后訓政，時局為之一變。首詔文忠入輔。慈聖以袁君存心叵測，欲置之重典。文忠仍以才可用，凡作亂犯上之事，諉之黨人，並以身家保之。袁仍得安其位，慈聖意不能釋，姑令來京召見。袁最機警，諂事東朝，前事不憚悉諉之主坐。而宮闈之地，母子之間，遂從此多故矣。上用非其人，轉蒙其害。一切無以自白，遂鬱鬱以上賓。沖皇御宇，監國從寬，褫職放歸，不能鋤惡務盡。武昌難發，特起督師，猶以為長城可恃。卒至一入國門，遂移漢鼎。惡貫雖滿，竟獲善終。匪特天道難知，抑亦文忠所不及料者已。

# 疏濬運河

淮安關監督署在板閘，距清江浦十五里而近，榷收運河南北商貨，稅率為內地各關之冠。例由戶部奏請簡命滿員充作監督，大都內務府得力司員任之。榷斯關者，隨任筆帖式一員，作為副關。遇監督有丁艱、病故，就近由漕督委副關先行代理。每於代理時間，勾串該關書吏、番役，朋比勒索，舞弊分肥。病國病商，幾至莫能究詰。余任內，適監督某君因病出缺。余維該關經收稅款每年約數十萬，現值洋商三聯貨單內河行船，每因各釐卡刁難勒阻，各國領事屢有責言，致煩辯論。筆帖式職司奔走，不諳交涉約章，斷難當此巨任。爰電商署江督張文襄公，會委淮揚道沈觀察瑜慶署理，檄令先行到任。誠恐該副關大失所望，暗中勾同書役人等，朦蔽阻撓，復嚴札訓迪而申儆之。觀察署理三閱月，力除弊端，徵收較前為旺。文襄聞之，謂僚友曰：「陳漕督初膺外任，不圖處理淮關一事，竟能洞達政體如此。余並非故違成例，不過審度時勢，權衡事之輕重與人之勝任否。但使於公家有濟，雖身為怨府，所不敢辭。區區淮關用人一事，乃其小焉者耳。」

辛丑冬，迎鑾河北。適有人奏淮揚運河高、寶交界處馬篷灣，年年淤塞，亟應疏鑿。奉旨命余酌辦。余到任後，揚州堤工局總辦丁觀察葆原來謁。觀察熟習河工情形，此項要工，甚願效力。第須開歲秋汛後，始能築壩動工，估計需帑銀十萬兩。余函商江督劉忠誠公，極以為然。但苦經費難籌，意在延宕。惟係奉派交辦之件，該地三十里河身淤淺，每屆冬令，有礙舟行，萬難置之不辦。漕署又無他款可資挹注。正深焦慮，適淮關監督某榷使來謁，知余主辦此工，而又無款可籌，密謂關署尚存不動雜款六萬兩，可以濟用。但須奏經俞允，即可照撥。兩淮鹽運使程君儀洛因公來浦，談及此項工程，允籌二萬兩。余急電商忠誠，略謂難得關監督、鹽運司不分畛域，以公濟公。此項工程需款十萬兩，有著之款已有八萬兩，札飭兩藩司各籌一萬，適符前數。忠誠復電照辦。當即會銜奏請分撥，並派丁觀察駐工督辦。此壬寅春夏間事也。入秋水落，正在趕辦築壩、放水、開引河各事宜，備夫購料，逐日興工，詎忠誠於九月初間病逝，江督一缺，以張文襄署理。觀察聞之，驚懼萬狀，星馳來署辭差。意若文襄一到，功名即不能保，不如早避為是。

問以何畏文襄如此之甚，答云：「文襄前經某京卿參劾，特旨交忠誠查辦。忠誠派員赴鄂，同班中無人敢往，卒令觀察往查。案雖奏結多年，文襄至今猶憾之。」余謂：「南皮乃君子人也，前事或已忘之矣。君承辦此項工程，乃係忠誠會銜奏派，現已開工，年前必須竣事，豈能遽易生手。君但放膽辦去，如文襄假公濟私，遇事挑剔，致使承辦之員不能放手辦事，貽誤要工，此責必文襄負之，我亦豈能無言。」觀察意終不釋，勉強赴工，神形極其委頓。未幾，文襄蒞任，果有嚴札前來督責。一般迎合者，又復布散謠言，謂觀察購料不實，用人不當。觀察乃功名之士，利害切身，憂與勞積，身膺重病。此項要工幾敗垂成。時沈敬裕公瑜慶為淮揚道，本有治河之責。余亟檄敬裕馳往工次，代觀察簡料一切。並使轉達文襄曰：「兩江總督參一道員，若摧枯拉朽耳。公果與丁道有憾，何時均可劾罷。目前要工正在吃緊之際，不應橫加責備，使彼無可措手。」文襄笑曰：「我不過聊示儆戒耳。請告漕臺放心，決不牽動公事。」厥後工程事竣，文襄已回鄂督任，余亦調任中州，奏調觀察赴豫差遣。迨余移任蘇撫，觀察復隨來蘇，以資深道員，不數年亦補徐州道缺，可謂幸已。

## 張佩綸之風骨

豐潤張幼樵學士，庚午鄉試中式，出番禺張蘭軒師之房（名清華，乙丑翰林）。乙亥，蘭軒師典試黔中，余獲售，與學士為前後同門。丙子入京會試，曾見於上斜街番禺會館蘭軒師邸，匆匆未交談。丁丑春，師病沒密雲，學士往弔，並撰輓聯云：「成一代史不可無公，豈期積蠹叢殘頓驚絕筆；封萬戶侯何如知己，賸有素車白馬為賦招魂。」措詞極其哀痛，余心折之。學士遇事敢言，扶搖直上。癸未奉命馳往陝西查辦事件（陝撫馮展雲中丞被劾罷），於原參之外，復論列多人。尋常查辦，無此認真。學士有句云：「往還五千里，咒罵十三家。」可想見其崖岸。

厥後馬江一役，自有公論。學士自軍臺釋回，一至北洋，旋作金陵寓公。飽經憂患，絕口不談時事。庚子兩宮西狩，李文忠公入京議款，特約學士入幕。時余以府尹充留京辦事大臣，襄辦和議，與學士哲嗣仲昭，同為平遠丁氏婿。學士行輩居長，詎晤余時，即謂與余先後出蘭軒師門下。同門之義甚古，瑣瑣姻婭不足計也。學士天資英挺，自經遷謫，學養愈復深邃，與余傾蓋如故。謂文忠幕中，晦若可談掌故，而盲於時勢。其他某某，委瑣惡劣，不直一噱。其月旦峭刻如此。朝廷議行憲政，行在政府奏設政務處，派某某充提調，某某充總會辦，學士亦在奏派中。電信傳來，文忠喜甚，謂可徐圖大用。學士怫然不悅。時仁和王文勤、善化瞿文慎均直軍機，充政務處大臣。于君晦若（式枚）、孫君慕韓（寶琦），並在會辦之列。學士擬就辭差電稿，囑余代達榮文忠公，稿中有句云「某亦曾近侍三天，忝居九列，豈能俯首王、瞿，比肩于、孫」等語。筆鋒犀利，咄咄逼人，猶是當日講筵氣概。和局未經簽字，學士已請假回寧。余督漕淮上，猶時通書札。壬寅，哲嗣仲昭入汴鄉試，道經清淮，手持學士親筆函，託余派弁沿途護送。仲昭以世丈稱余，謂出自學士意。余萬萬不敢當，專敘姻誼。而學士之風義為不可及矣。今讀《澗于集》，回憶二十四年前，賢良寺內挑燈煮茗，如昨日事。不禁人琴之痛云。

# 主持河南鄉試

光緒癸卯科河南鄉試，余入闈監臨，見院中廳事上懸匾一方曰「月華紀瑞」，細審為雍正壬子吾鄉平越王犀川先生士俊所題。時以河東總督監臨河南鄉試。八月十五日夜，目睹月華，先生以詩紀事，主司以下各有和章；復手書此四字以留雪爪。誠科場佳話也。余亦撰一聯懸之楹間，文曰：「後百十三年雪苑衡才，公賦月華，我書雲物；合萬一千人風簷奏藝，昔吟桂子，今占梅魁。」是年順天借闈鄉試，本省試期改遲，十月舉行，故用梅魁以作佳兆。昔聞科場巨典，神鬼實司糾察，此言頗信。當點名入場後，夜漏三下，監臨應至內簾，與主司相見，請發題紙。見時僅作寒暄語。題紙發出，率同提調監試兩道暨任差官吏、文武員弁約百餘人，賫送此項題紙到至公堂。由余升堂，督飭應差官吏，逐號分給訖。比時場內人數以萬計，燈籠火繖以數千計，堂上堂下火光燭天。而凡百執事視動俱寂，幾若銜枚戰士，萬馬無聲。亦似有文昌魁斗，臨在上而質在旁者。此無他，功令本極嚴肅，人心先存敬畏。奮多士功名之路，實隱寓天人感召之機。末世不察，至薄帖括為小技，而未審先朝駕馭英雄之彀，即在乎此。科舉一廢，士氣浮囂，自由革命，遂成今日無父無君之變局。匪特增余感想，亦犀川先生所不及料者已。

# 拜祭河神

黃河大工，自鄭工合龍後，當事者減少稭科，多築石垛。一望金堤，河流順軌者十餘年。厥後裁撤河督，責成河南巡撫管理，事權專一，收效尤易。余於光緒癸卯秋，抵豫撫任。省中有大王廟四，曰：金龍四大王廟、黃大王廟、朱大王廟、栗大王廟。將軍廟一，群祀楊四將軍以次各河神。巡撫蒞新，例應虔誠入廟行禮。越日，黃大王到，河員迎入殿座。余初次瞻視，法身長三寸許，遍體著淺金色。酷嗜聽戲，尤愛本地高腔。歷三日始去。後巡視南北各要工，金龍四大王、朱大王均到。朱與黃法身相似，金龍四大王，長不及三寸，龍首蛇身，體著黃金色，精光四溢，不可逼視。適在工次，即傳班演戲酬神。在工各員僉謂，金龍四大王不到工次已二年餘；此次出見，均各敬異。

余回省後，時值鄉試屆期，入闈監臨。夜中不寐，偶思河工大王有四，已見其三，不可謂非至幸。獨栗大王尚未見過，不識有一面之緣否。詎至誠竟能感神？翼曰，內簾值役之老兵稟報，栗大王已在闈中第幾房之窗下，當即率同提調、監試兩道，齊集至公堂，派員入內簾，用彩盤賫出，安坐堂上，焚香行禮。並用余所乘大轎全副彩仗，啟門奔往大王廟中供祀如禮。初疑何以逕至闈中，詢之老吏，始知大王係嘉慶朝河南即用知縣，曾充鄉試某房同考試官。茲之賁臨，或亦重證文字因緣乎。

因憶前在蜀中，丁文誠公言，昔官山左，於賈莊工次掛纜堵口，親見栗大王到工，大工即日合龍。翼曰，敬詣神位拈香，忽見法身頸上圍繞白線一條，為前日所無。正深疑慮，不兩日接到禮部藍印公文，驚悉穆宗毅皇帝龍馭上升，薄海臣民，同服縞素。始知大王精氣為神，猶是本朝臣子。哀詔未到，實已先知，縞服臨工，示人色相。其神不隔夫幽明，其忠亦無間於存歿矣。各大王、將軍姓氏履歷，均有專書，茲不備錄。

# 甲辰會試

甲辰會試借豫闈舉行。余以豫撫派充知貢舉，總裁為長白裕文恪德相國、長沙張文達百熙尚書、吳縣陸文端潤庠總憲、南海戴文誠鴻慈侍郎，滿知貢舉為長白熙閣學瑛，其餘同考、監試、提調等官，均由京奉派來豫，贊襄其事。揭曉日，余與諸公齊集至公堂升座，拆卷填榜。陸文端手持一卷語余曰：「此卷書法工整，為通場冠。（時已廢謄錄）廷試可望大魁。」揭封，知為肅寧劉君春霖。其同鄉閻太史志廉，亦係同考官，謂劉君平日所書大卷不下數百本。正欣羨間，張文達又執一卷示余曰：「吾鄉本朝二百餘年，三鼎甲俱備，獨少會元。場中得湖南一卷，寫作俱佳，以正大光明次序而論，我班次居二，例中會魁。科舉將停，機會難得，情商裕相，懇將此捲作為會元，庶使吾鄉科名免留缺陷。承裕相允讓，即此卷是也。」揭彌封，乃茶陵譚君延闓，為前粵督譚文卿制軍（鍾麟）之少子，咸慶主司得人。迨殿試臚唱，劉君果獲大魁，譚君亦以高第入詞館。私揣兩君異日文章位業正未可量，詎不數年間，時局日非，國步已改。而此兩人者，一則憔悴京華，仍效牛馬之走；一則馳驅嶺表，徒為蠻觸之爭，已忘其為故國詞臣，先朝仙吏。國家二百餘年養士之報如此結局，尚何言哉！

# 官場之敷衍

余外任時，每月應奏摺件交文案繕寫後，必逐一檢閱無訛，方始封發。至題本則由幕中擬稿，閱定後恭書題字，即由承辦書吏翻清繕權，即日拜發，不必再行檢視。豫撫任內，恭值乙巳年十月慈禧萬壽，先期例進賀本，錢穀友人某君以稿呈畫。當以循例文字，匆匆一閱，即行書題。第賀本中有恭值「七旬萬壽」字樣，心竊疑之。以為本年係慈聖七十一歲壽辰，何以敘為七十，減去一歲？詢之某君，謂歷次賀本均係照上屆題本抄錄。當檢七十萬壽賀本閱視，與此稿同。而疑終不釋，復檢六十九年萬壽本閱視，則與七十懸殊。更檢五十年、六十年萬壽賀本與各前一年賀本比對，亦復不同。計五十年、六十年賀本標明「五十、六十」字樣，與七十年賀本標明「七十」字樣同。其各前一年賀本文字從同，並不言年數，係屬通同頌語。復檢閱五十、六十萬壽後一年之賀本，文字均與五十、六十萬壽前一年同。

反覆研究，恍然大悟。緣尋常萬壽慶典，禮部擬就普通賀表一通，先期頒行各省，臨時繕寫具題，以昭畫一。獨至整慶之年，部中另擬特別表文，標明五十、六十、七十字，仍先期頒行各省照式繕題，以昭鄭重。準是以推，本年七十晉一，仍應遵用普通賀表，毫無疑義。當將原稿塗銷，仍煩某君另照普通賀表繕稿呈畫訖。此事若於初畫題稿時，稍不審慎，貿然發繕，直待各省表章一齊到京，經內閣看出，發回另繕，已趕不及。疏忽咎小，貽誤咎大。即科以大不敬，亦復何說之辭！猶幸登時看出，從速改正，獲免愆尤。始知凡百執事，不得掉以輕心，此特一端耳。某君經此周折，卒不安館席而去，雖欲留之，亦無從已。

# 河南剿匪

河南省賦稅額每年三百十餘萬。開封府祥符一縣稅額十萬零，已逾貴州全省之數（共九萬餘兩）。自黃河決口後，河占沙壓。但以祥符一縣論，報荒已及八萬餘兩，歲僅徵稅一萬數千兩。習之既久，幾成定額。實則數十年來，民間墾荒逐漸成熟。小民但知一己之利，罔計國家維正之供，匪一朝一夕之故矣。余到任後，接准部咨籌餉原奏，嚴核各省錢糧一條，內開：河南一省，共報水占沙壓地畝停緩銀十六萬七千餘兩。內多指南中工、鄭工、蘭儀工等處決口所致。其實決口堵塞以後，昔年漫決之地，早經涸復，半屬膏腴。而承此業者，多係巨室富商，久踞無糧地畝，官不過問等因。當即設立清源局，札委司道切實整頓。以祥符欠額最多，先從該縣入手。凡有已墾荒地隱匿未報者，悉令和盤托出，不究既往。報明以後，分別全熟、半熟、輕荒、重荒、廢荒五等，酌定升科減免去後。詎有縣屬東鄉薄鎮、冶臺等村回民李沅慶，借端抗阻。在該村禮拜寺內煽惑聚眾，約近萬人，揚言抗糧罷市，攔阻米糧柴草，不准入城。並將茶岡、小黃鋪、招討營等處電桿砍毀約十餘里。人心皇皇，風謠四起。

當飭常備軍翼長袁道世廉，揀派該軍分統楊副將榮泰，帶兵會同縣委馳赴東鄉彈壓解散。楊榮泰進至該村，忽聞撞鐘集眾，又見四面火起。該匪等愍不畏法，首先放槍擊傷弁兵數名，並搶去砸毀毛瑟槍一桿，勢頗洶洶。我兵不得已，放槍還擊。登時格斃四五人，餘匪始相率潰退。該分統召集鄉董開導，旋即一律解散。匪首李沅慶已乘間脫逃，嗣因捕拿甚急，逃至陳留縣韓岡白馬莊村外，曠地桑樹上畏罪自縊。經督認明確，將屍身押解來省，飭令戮屍，傳首犯事地方示眾。經此懲誡後，各鄉紛紛開報地畝，極為踴躍。仍飭該縣從輕升科，以示體恤。當事起之時，河南同鄉京官，以隱糧為紳衿之恥，而輸將又非所樂從，不責愚民作姦犯科，反責官府辦事操切。雖不敢勝章參奏，而責言之書，雪片而來。余一概置若罔聞，但知綏靖地方，徐圖善後。直督某制軍，豫產也，貽余書曰：「汴民玩法久矣。經公少加懲創，不至縱成無父無君之局。公之造福於豫民至矣。」余方歎其制軍為知禮，豈料閱時未久，某制軍行與言違，至成為無父無君之人。可勝歎哉！

# 戊戌裁撤冗官

戊戌變政，首在裁官。京師閒散衙門被裁者，不下十餘處。連帶關係，因之失職失業者將及萬人。朝野震駭，頗有民不聊生之戚。太僕寺一應事件，應歸並兵部，事隸車駕司。剛相以承辦司員不能了此，特派余專辦此事。余力辭不獲，又不願結怨同僚，爰會同駕司犯印稿諸君公同辦理，當往該寺查看情形。詎寺中自奉旨後，群焉如鳥獸散，闃其無人。匪特印信文件一無所有，即廳事戶牖，均已拆毀無存，一切無從著手。因思太僕寺管理馬政，與兵部時有公文往來，部寺書吏消息時時相通，乃飭部吏特約寺中得力之書役來見，善言曉諭，以安其心。謂：「太僕寺官雖裁，而吏萬不能裁。此時遵旨歸並兵部，不過於部中另設一科，仍責成爾等舊人辦理。寺中堂司多係滿員，余等無從浹洽，爾等可回明堂上，速將信印文件交出，以便接收覆奏。一面即妥籌附設機關，俾爾等不致流離失所。」該吏等謂：「昨奉裁官之旨，堂司等官一鬨而散，信印文卷無人過問，已由吏等暫行收存。今日特攜帶到部，靜候區處。」余聞而嘉獎之。一面回明剛相暨各堂，即於車駕司五科之外，特設馬政科一科。甫十日，東朝訓政。所有裁撤各官署，均復其舊。太僕寺衙門亦在光復之列。此戊戌秋間事。迨庚子七月，余奉命署理該寺正卿，衙署在東城根，已為使館佔據，不能前往，僅假內閣漢本堂到任。不數日，兩宮西狩。次年舉行新政，太僕寺仍在裁撤之列。兵部衙署亦劃入使館區域。迄今思之，如同夢寐。

# 丁氏父子皆大任

自來名父之下，難乎為子。朱、均均稱不肖；而能承繼禹之道，啟獨稱賢。蓋善作猶貴善述也。吾鄉丁慎五方伯體常，為宮保文誠公之子。方伯嘗謂：「吾父之高勛偉略，誠不敢望希萬一，而其清風亮節，雖未之逮，竊有其志。」當作郡三晉時，南皮張文襄公適為晉撫。竊疑大員子弟習於紈袴，御方伯獨嚴，多方裁制。自朝至於日中昃，不遑啟處。卒以克勤克儉，卓著循聲。文襄雅重之，深羨文誠有子。長安薛雲階尚書（允升），前授四川成綿道，原缺為固始丁价藩觀察署理，文誠正資熟手。檄令尚書外署建昌道。尚書不悅，而無如何。未幾，升晉臬以去。履晉日，方伯以署首府參謁，即遭尚書諷刺。謂：「自維才識庸闇，成綿道一缺，已不勝任。不意天恩高厚，洊升法司，尚祈時加照拂」等語，迨署臬使時，長白剛子良協揆來作晉撫，謂前隨恩露圃中堂、童薇研總憲入蜀查辦事件，事竣後，以宮保係一代偉人，謁誠拜謁，竟不蒙傳見。言次意頗悻悻。方伯均婉語謝之，而奉公維謹，夙夜匪懈。剛無可挑剔，卒膺上考。

方伯以外補潞安府知府，名不列軍機記名單內，卒升河東鹽法道。其簡在帝心如此。後擢甘臬，坐升甘藩，蒞任未久，適粵藩某方伯牽涉康梁一案，從寬改調。上以方伯夙著清操，堪以坐鎮雅俗，特調廣東藩司，旋護廣西巡撫，駸駸大用。方伯蒿目時艱，急流勇退。於卸撫篆後，抗疏乞病，還我初服。聞者莫不羨之。余居文誠甥館數年，代司箋奏。方伯兩次述職來京，又復朝夕與共。鄉情親誼，交非泛常。嘗謂：「文誠值大可為之日，不恤鞠躬盡瘁，以身許國，方伯值無可為之時，不妨蒓鱸寄興，以病乞身。」匪特鄉邦哲人，即求之各行省，如此門望，具此雅量清操，亦恐不多見者矣。

# 回鑾蹕路工程

庚子七月廿二日，兩宮西狩。八月全權大臣慶邸、李文忠公先後入京主持和議。京畿內外，人心漸定。余再尹京兆，徇順直商民之請，兩次籲懇回鑾，均蒙優詔褒答。逾年五月，和約簽字，洋兵一律撤退，交還京師地面。適奉旨，定期十月還宮。維時京城殘破不堪，急須修理。全權大臣先期電奏，請派大員承修蹕路工程。行在樞府擬定長沙張尚書百熙、長白桂侍郎春，奏請派充。慈聖笑謂：「此次工程須由在京大員中揀派，情形熟悉，較為得力。我意中已有兩人：一兵部侍郎景澧；一順天府尹陳夔龍。不如一並派充，四人合辦。」樞臣承旨後，即刻電京遵照。桂侍郎前在莊王府任差，有庇拳嫌疑，不果前來，張尚書一時不能趕到，先由余與景侍郎召匠選料，趕速開工。

初次入東華門，蓬蒿滿地，彌望無際。午門、天安門、太廟、社稷壇等處，為炮彈傷毀。中炮處所，密如蜂窠。想見上年攻取之烈，不寒而慄。披荊斬棘，煞費經營。此外如天壇、先農壇、地壇、日月壇暨乘輿回時經過廟宇，大半均被焚毀，急須修理。工程浩大，估計實需工款約百萬兩。而堂子全部擇地移建，與正陽門城樓之巨工尚不在內。景侍郎狃於從前習慣，凡工程估定價目後，堂司各員例取二成節省經費。擬照前例，借工帑餘潤，以償拳亂損失。余不以為然。謂此次拳禍之烈，為二百年所未有。九廟震動，民力艱難，此項工程不得以常例論，應核實一律到工。即所派員司，一律自備夫馬，潔身任事。將來大工告竣，准給優保以酬其勞。侍郎意不懌，謂余有意與彼作梗。適張尚書到京，頗以余所論為是。侍郎無如何，始允會同入奏立案。

余等分期就同司員督理工作，歷經三月，工程大致完竣。當即電知行在。奉旨：「蹕路工程現已修竣，陳夔龍著即赴河南布政使新任，在中途迎鑾。」詎在京尚未啟程，復奉旨署理漕運總督。即日馳往行在，於河南湯陰縣宜溝驛接駕。次日扈從至彰德府，復奉實授漕督之命。次日復扈從至直隸磁州，恭謝天恩，送駕訖。數日之間，三次召見，賞賜優渥，並賞白金一千兩。旋面諭即行折回河南，取道淮徐赴漕督任。適年壬寅，接張尚書等函，知堂子業已興建訖。余復於漕督任內捐廉銀一萬兩，倡修正陽門城樓。各省均提公款助修，計一年餘，始行工竣。承修蹕路工程之案，乃告一結束。特備書以諗來者。

# 丁寶楨治蜀

蜀為天府國，川東最富繁，川南次之，川北又次之。川西出成都百里，至灌縣止，尚屬內地景象。灌以西，一望沙礫，廣漠無垠。光緒乙酉春，丁文誠公松、建閱武，約余同行。曾經茂州達松潘夷地，為唐時維州一道，李衛公籌邊樓、安戎城遺址尚存。窮荒戍卒，猶能談當日綏邊偉略。蓋昔賢之規模遠矣。嗣由松、茂折回邛、雅，地接打箭鑪，乃入前藏要道，明正二十餘家土司頭目來謁，文誠一一傳見，宣以天朝德意，繼復懾以幕府軍威。該土司等誠惶誠恐，匍匐戰慄，謹遵約束，奄有贊皇當日治邊才略。繼仍詣灌縣查勘都江堰工程。按岷江發源岷山，滔滔東注，直趨灌口。秦李冰為守，特鑿山穿埠，名曰離堆。俾江水流入內地，中分內、外二江，資以灌溉成都左近三十六屬州縣田畝。設立人字堤，並築分水魚嘴，約以內六外四為率。春間放水入堰，灌溉農田。秋成以後放水，堰內所積泥沙，淘汰務盡。並鑄鐵柱三，深埋土中。凡挑治泥沙，以見鐵柱為止，所謂深淘灘也。當夏間江水入堰，顧慮衝決，沿堤多用竹籠，中實巨石，橫列堤間，層累而上，然亦不可過高，以便內江水漫過堤，流入外江，不致為害田畝。所謂低作堰也。前賢為民大興水利，慘澹經營，具有苦心。千百年來，不能改易。川民富庶，實亦半係於此。

余隨文誠蒞止時正春初，親臨該堰，早經官吏率同夫役挑挖淨盡。第見李冰所製鐵柱以為標準者，一律橫臥地上，逕約二丈，圍五寸餘，中經沙水剝蝕，鐵質適成龍蛇之勢，斑駁陸離，古意盎然。曾命拓工椎拓數十紙，以備稽考。時逾四十寒暑，幾經世變，重檢敝簏，惜已無存。丁未七月，銜命督川，滿冀舊地重來，再訪陳跡。詎回黔掃墓，尚未入蜀，復奉移督兩湖之命。西望錦江春色，如在天上。憶於貴陽城南雪崖洞丁文誠公祠中載瞻遺像，曾有聯云：「南來重拜祠堂，是葛相一流，如瞻北斗；東去忽撾鞭策，別謝公廿載，怕過西州。」蓋紀實也。今日者，病臥滄江，倏焉一紀，夜涼不寐，前塵如夢。不覺觸上心來，爰挑燈強記，拈筆書之。

# 瞿鴻禨入直軍機

長沙張文達公百熙、善化瞿文慎公鴻禨，余官京師時，均有一日之雅。文達因其鄉人楊勤勇岳斌子嗣爭承襲世職事，曾介同年陸文慎寶忠言之於余，懇為斡旋。余執例案力卻之。雖不悅，卒亦不忤。辛丑入京，同修蹕路工程，力除積弊，意見尤相投，遂結金蘭之契。文慎前官翰林，曾於同鄉黃再同編修處屢晤之。辛亥以後，同居滬上，文酒往還，把晤尤數。兩公同歲舉於鄉，先後入翰苑，均為高陽李文正公高弟。文正每與長白榮文忠公祿談讌，極稱許兩君，不置諸口。文忠愛才若渴，戊戌夏出任北洋，專摺奏保人才，曾列舉之。

庚辛之際，兩宮駐蹕西安。樞臣端邸載漪、剛相毅、趙尚書舒翹、啟尚書秀，因庇拳獲嚴譴，樞府乏人。文忠密薦於朝，特旨令迅速來陝，預備召見。時文達任廣東學政，文慎任江蘇學政，相約交卸後會於漢口，聯轡入秦。文達先到，諗知文慎蒞鄂需時，爰紆道回湘省墓。詎文慎到漢，接秦中友人密函，星馳而去。文達由湘返漢，乃知文慎已著先鞭，竟不稍候，有孤前約，意頗不懌。迨赴行在，定興鹿文端公傳霖，已先入政府（亦文忠所保），祇須再簡一人充數。兩宮無所可否，轉詢文忠擇一委任。文忠密奏，聖駕計日回鑾，舉行新政，可否令張百熙、瞿鴻禨各抒所見，繕具節略，恭呈御覽。再求特旨派出一員，較為得力。上頗然之。

奉諭後，文達力論舊政如何腐敗，新政如何切用。並舉歐西各國治亂強弱之故，言之歷歷，何止萬言。文慎不逞辭華，但求簡要，略陳興利除弊四端。兩宮閱竟，謂文忠曰：「張百熙所言，劍拔弩張，連篇累牘，我看去不大明晰。還是瞿鴻禨所說，切中利弊，平易近情，不如用他較妥。」文慎遂入直軍機，公推主筆，夾輔七年，恩遇獨渥。嗣因議改官制，與同直諸君意見不合。北洋某制府復遙執政權，橫加干預，文慎遂不安其位而去。時文達業經物故，不讀遜位詔書，尚係全福。國變後，文慎不克家居，避兵海上。余適由北洋謝病來滬。亂後相見，偶話先朝遺事，幾如白頭閒坐，同說開、天。文慎騎箕，忽已七載，思之黯然。余亦老病頹唐，非複數年前之意興矣。

# 李鴻章謀考差

李文忠公文通武達，出將入相，早依香案，晚博侯封，勳名位業，藉藉都人士之口；獨終身不預皇華選士之役，不無缺陷。豈真文昌魁斗不入命宮？抑或珊網玉衡，無關鼎鼐？否則，范衣和鉢，別有因緣。未種前世之因，自未結今生之果也。公最喜衡文，前充總理衙門大臣，適同文館學生年終考試。中文一場，試卷多於束筍，各大臣請公校閱，公喜甚，扃門三日，親手點定甲乙，其勤於衡鑒如此。

歲在丁酉，順天鄉試將屆。七月杪，公詰朝親造署刑部侍郎內閣學士瞿文慎鴻禨之門，排闥而入。文慎稱公為閣師，平昔絕鮮往還。聞公來，不識何事，急肅衣冠出見。公屏退左右，密告曰：「聞今科北闈鄉試主考已經內定，我與君均在選中。但我數十年戎馬奔馳，久荒筆墨，不知能勝任否？君年優學富，久掌文衡，確係科場熟手。屆時務祈主持一切，格外偏勞。」文慎聞公出言突兀，不勝駭異。而又未便辯駁阻其興致，姑漫應之。詎翼日，八月朔，值簡任各省學政之期，文慎得放江蘇學政，知公所言不盡確實，然猶盼公仍得充北闈考官也。迨初六日，禮部題請簡順天鄉試主考，奉旨圈出四人，公迄未預。始覺前言全無根據，不知何人憑空結撰以餌公，公亦貿然信以為真，致向文慎肫肫告語也。此乙卯年逸社席上聞之文慎者。群歎科場選舉主司一席或預與否，均係前定，不能妄有希冀云。

# 王闓運老來昏瞶

湖南湘潭王壬秋太史丈，余久耳其大名。甲申入蜀就姻，居丁文誠公幕府。太史時掌教成都尊經書院，往來較數，獲益又較多。太史論經不主宋學，論文力追秦漢，詩五言崇尚選體，七言奄有李、杜、蘇、黃之長，洵為咸、同、光三朝作手。然議論亦有太過者。一日，過我書齋，見案上《吳梅村詩集》，笑謂余曰：「此乃天雨花彈詞，君胡好之甚？」實則太史所作〈圓明園宮詞〉，大半摹擬梅村，不能脫彼窠臼也。太史得名最早，睥睨一世，喜作灌夫罵座。中興諸將帥，半係舊人，均敬而遠之。獨與文誠公臭味相投，中之以婚姻。文誠逝世，太史所作誄文，哀感頑豔，其遒麗處，恐六朝人無此手筆。性情極坦率，不拘小節。

余督湖廣時，太史忽由湘中致書，詞頗滑稽。略謂：「昔歲端午橋撫湘，曾與彼約，但薦紳不薦官。午橋唯唯。今君督鄂，余擬翻前議，但薦官不薦紳。君意云何？」因臚列多名，紛紛請託。余稔太史久，知其筆已到而意先忘，一概束之高閣。太史卒亦不忤也。

辛亥以後，一菈滬江，為余題《水流雲在圖》長句。適奏議刊成。並為製序。詩筆在樊山（樊增祥）、止庵之上，序文較之散原（陳三立）、蒿叟（馮煦），另闢一格，余寶而藏之。未幾，應纂修民國史館之聘。乙丙之際，不恤徇鄉人之請，首先列名勸進。晚節不終，識者惜之。然太史亦老態龍鍾，不久即歸道山。倘早沒數載，寧非全福。昔查初白弔錢蒙叟云：「生不同時嫌我晚，死無遺憾惜公遲。」余與太史生幸同時，而太史沒後，誠不能謂無遺憾。惓懷親戚故舊，不覺憮然。

# 丁未政潮

辛丑公約簽字後，兩宮回鑾。維時李文忠公積勞病逝。項城繼任北洋。榮文忠居首輔，項城夙蒙恩遇，尚受節制。迨文忠逝世，遂以疆吏遙執政權。一意結納近侍，津署電話房可直達京師大內總管太監處，凡宮中一言一動，頃刻傳於津沽。朝廷之喜怒威福，悉為所揣測迎合，流弊不可勝言。癸卯，張文襄內召，兩宮擬令入輔，卒為項城所擠，竟以私交某協揆代之。文襄鬱鬱，仍回鄂督任。繼復推舉某某入直樞廷，輦下號稱三君，均為其所親暱。

厥後議改官制，北洋所練六鎮，應歸陸軍部直轄。不得已撥出第一、第三、第五、第六四鎮歸部。以直隸地方緊要，暫留二、四兩鎮自為督率。朝廷姑允之。以糧餉處贏餘關係，與某尚書意見相違，竟爾凶終隙末。榮文忠歿後，善化主持樞政。項城初頗結納之，嗣因商定《中日和約》，善化以外務部大臣資格先與日使交際一次，項城不悅，凡事陽推讓，而陰把持，善化幾無發言權。迨和約告成，兩方遂成水火。善化得君最專，一意孤行。適內閣官制成，力排項城援引之某某等，一律退出軍機；嗣以樞廷乏人，復召桂撫林贊虞（紹年）中丞為助。項城暨某某等聞之譁然，思有以報復。善化恃慈眷優隆，復擬將首輔慶邸一並排去。兩宮意尚游移，詎訛言已傳到英國，倫敦官報公然載中國政變，某邸被黜之說。適值慈聖宴各國公使夫人於頤和園，某使夫人突以相詢。慈聖愕然。嗣以此事僅於善化獨對曾經說過，並無他人得知，何以載在倫敦新聞紙中？必係善化有意漏洩。天顏震怒。項城探知原委，利嗾言官奏劾。善化薄有清名，言路不屑為北洋作鷹犬，一概謝絕。重賄講官某，上疏指參。善化竟不安其位而去。

樞府乏人主筆，特旨召張文襄入輔，項城亦夤緣同時奉詔。時慶邸年老多病，屢經請假，復詔令醇邸在軍機大臣上學習行走。然事無巨細，均由慈聖主持，諸臣但唯唯承旨而已。昊天不弔，兩宮龍馭先後上升，今上入承大統，醇邸以攝政王監國。項城因事獲咎，幾遭嚴譴，賴文襄多方調護，得保首領以歸。文襄亦以國事日非，親貴用事，屢諫不聽，賷志以歿。辛亥八月，武昌發難，沿江各行省紛紛獨立，復特旨起用項城，冀以支撐危局。詎項城甫出，清祚即因之而告終。辛亥以後之事，余不忍言，實亦無可言之價值也。

# 鹿傳霖之清通

定興鹿文端公傳霖，其先德簡堂太守，與先光祿公同官黔中。太守殉難都勻，全家盡節。文端隻身逃出，獲歸故里。先光祿公以知縣告休，黔亂道梗，致未及歸，即捐館舍。余兄弟時僅數齡，零丁孤苦，惟母氏是依。久之，遂占貴陽籍。厥後撫豫、督川，兩次入京陛見，獲遇文端。詢及往事，公謂：「我與張香濤、廖仲山均隨宦貴州，旋即回里，忝列科名。君何以久戀黔中，不回本籍？」意以久墮邊方，代余扼腕者。余謂：「公等去黔日，年已及冠。比時南中驛路，尚未全阻，故獲成行。迨先光祿棄世，余甫八齡。苗匪遍地，生存已屬萬幸，何能如公等高舉遠引。且今日博取功名，確係由黔發跡。黔不負余，余亦不可負黔。」公為嗟歎者久之。

公昔開府中州，銳意清理糧賦，大拂汴紳之意，特繪《中原逐鹿圖》。卒以未竟厥施。量移秦中而去。迨總制西川，苦心經營藏衛，以招撫瞻對番眾內附一事，與中樞意旨不合，開缺另簡。迨公入居政府，余兩謁公於京邸。公道及前事，未嘗不悼惜痛恨也。公操守清廉，意見不無偏倚，而於滿漢之間界限尤嚴。然聞善則喜，改過不吝，為他人所不及。當榮文忠以都統外任西安將軍，公適為陝撫。將軍蒞秦之始，巡撫例須出郭跪請聖安，並通款洽。是日公以病辭，僅令藩司恭代行禮。文忠詣撫署拜謁，復託病不接見。將軍、巡撫同處一城，時已半載，彼此迄未謀面，文忠亦姑置之。

嗣因旗、漢互訟，文忠持平辦理，不袒旗丁。又以旗營兵米折價事，一照市價，不為畸輕畸重。公聞之幡然曰：「吾過矣，吾過矣。曩誤聽他人之言，謂榮公夙有城府，不易締交。不圖處分旗、漢交涉之事，持平如此。」嗣後陝民不受旗丁欺陵，皆所賜也。即日命駕詣軍署拜謁。軍署材官久不見大府旌旗，至是大為驚詫，即速報知文忠。文忠擬閉門稱謝，而公已排闥直入。相見之下，公首先伏地引咎。自陳誤聽人言，多時未通款洽，此來負荊請罪。並以文忠夫人為宗室薌生相國靈桂之女，相國充壬戌會試總裁，公出門下，以世誼請見，直入後堂存問，交誼彌敦。秦士大夫兩賢之。

未幾，文忠奉命祝釐，改就京職，駸駸大用。言之恭邸，公遂擢升川督。卒以藏事棘手，不安其位。戊戌政變，文忠入輔，承旨起用公為粵撫。維時粵督茶陵譚文卿制府，輩行在先，公乃再傳弟子，俗所謂門下門生。譚公挾長，意頗陵公。公復求援文忠，改調江蘇巡撫，旋署兩江總督。庚子京師拳匪之亂，率師勤王。嗣聞兩宮西狩，公遂馳往西安。文忠復援引入樞，同心輔政。未幾，文忠騎箕以去。公支持危局者數年。余三次入京，獲侍清宴。公提及文忠，尤時抱人琴之痛云。

# 庚子幾遭不測

庚子拳匪之役，余署京兆尹，兩月適冒三大險，而卒化險為夷。端邸奏參中外大臣十五人，不才竟附驥尾。倘非聖明保全，幾遭不測。此一險也。承辦前敵轉運車輛，備西狩之用。乃因後任不善酌劑，兩宮臨時傳差，竟缺車馬之供。倘因此竟觸上怒，責難原辦之人，獲咎匪淺。卒邀聖鑒，不加罪譴。此又一險也。以上二險，余已載入筆記中。

更有一險，言之尤為可駭。當中外開釁之初，總署照會各公使，限二十四點鐘一律離京。各使以限期促迫，萬來不及，紛紛函請展限。德公使克林德逕往總署面商，中途遇害。狙擊者乃虎神營旗兵。端邸等以大錯業已鑄成，不恤倒行逆施，圍攻使館之事起。各使困處使署，水、米、果蔬均各缺乏，具一公函，請查照總署前議，即行離京。但須求兵隊保護，並煩得力大臣一員伴送到津，乘輪迴國。此函到後，樞譯兩府公同商酌，事屬可行，第派兵恐生枝節，而伴員尤難甚遠。剛相忽宣言曰：「我意中有一人，如令伴送各使，定能勝任。不知渠肯去否？」眾詢何人，剛相云：「陳府尹曾在總署當差，與洋人素相識。現署京尹，又係地面官。京通一帶，均其管轄地，呼應較靈。」榮文忠謂：「陳府尹現兼武衛中軍差使，軍事與民事均資熟手，一時恐難離京。」剛相謂：「各使來函請派軍隊護送，陳某現在武衛軍，若奏令率同軍官偕往，詎不更善？」文忠語塞，但云：「姑與彼商之。」乃謂余曰：「伴送洋員出京，此事誠險。剛相言非君莫屬。我看各公使困館中，實非了局。彼等願離京，不如送往天津，搭輪返國，留他日相見地步。君如願往，可令董福祥派兵一營隨同護送。」余謂：「董軍前戕害日本書記官山杉彬，各使恨之切齒，萬不能派往。」文忠謂：「武衛中軍右翼統領田總兵玉廣，與君同鄉交好，派其帶兵偕往何如？」余思各使多疑，雖來函自請離京，特故作無聊之詞，為希冀緩攻之計。豈肯自尋荊棘，冒此危險。

第默察樞府之意，甚願將計就計，令洋人全數出京。府尹一官，職司地面，倘奉命伴送各使，在我亦復無詞可諉，姑作依違之語，以觀其後。詎兩日後，各使復來一函，果如余所逆料。略謂「前函請貴王大臣派員伴送我等出京，繼思由京至津二百四十里，火車已斷，沿途潰兵拳匪，諒復不少，節節阻止。試問貴王大臣，有何十分把握，能保護我等一律平安抵津？雖有伴送大員，恐中途若遇險阻，無從為力。我等公同商酌，惟有力守使館，專俟大兵來援。萬一竟遭不幸，各國政府豈肯干休？邇時大軍來華，定惟貴國樞廷首輔大臣是問」云云。前事遂寢。余於無形中消除一大苦厄，各公使自為一身計，實不啻兼為我計。否則，一出國門，潰兵拳匪相逼而來，余與各公使同歸於盡。他日議款，不知從何說起。第就余而論，率能化險為夷，誠幸事已。

# 災年請鐵牌

光緒甲辰冬，中州苦旱，大河南北數千里，望雪孔殷。余率司道府縣，設壇虔誠祈禱，消息寂然。時已仲冬，春麥亟須布種，尤切焦盼。憶前署京兆親見本任王府尹培佑，奉命至邯鄲縣龍井，恭請鐵牌到京。越日，即降大雨，成效昭著。當派道府大員，虔詣直隸邯鄲縣，恭請鐵牌。維時文武寅僚僉謂，隔省祈禱，豫中向無辦過成案，意在阻止此行。余謂天人一理，罔分畛域。但求精誠之感召，何必例案之拘牽。僅用一紙公文，咨行直督備查。時則京漢火車已經合軌，往來甚便。鐵牌請到之日，於渡黃河南岸後，距省約十餘里，祥符令驛馬來報，於夜戌時入城，應先往龍神廟恭候。余出署時，默觀天象，第覺微雲點綴，淡月朦朧，私念天色如此，恐難立沛祥霙。詎輿甫至廟門，朔風撲面，異常慓冽。

嗣將鐵牌恭奉神龕，率屬行禮訖，已有薄片雪花，紛披滿地。眾皆驚異。由夜達旦，歷一日許，雪厚八寸餘。四野霑足，人心為之歡汴。越日，謝降。余率襄祀各寅僚，咸集二曾祠瓣香樓公讌，賞雪賦詩紀事。詩載《松壽堂大梁集》中，賡和者廿餘人。曾書楷刊石，嵌於祠之石壁，以留雪爪。余旋別大梁，復丁世變，早已付之過眼煙雲。歲在丁巳，豫中使者田煥亭中丞，椎拓遠寄，細加審覽，已經風雨剝蝕，損缺不完。今又數年，中經兵燹，不知梁園片石劫後尚存在否。客有自夷門來者，擬訪問之。

# 丁李為至交

平遠丁文誠公，清風亮節，冠絕一時。平生賦性鯁直，不諳世故。持節二十年，與連圻諸將帥有公義而無私交。獨於合肥兄弟，深鮑子知我之感。癸酉冬，由東撫請假回黔修墓，道出漢皐。時李勤恪（瀚章）公總督湖廣，聞公至，班荊道故，把酒言歡。瀕行，謂公曰：「我知君官清如水，不名一錢。此番回珂里，親戚故舊所識窮乏，均須解囊分潤。特備銀三千兩，聊託縞紵之義。藉壯行色，不敢謂豪舉也。」當以情詞剴切，未便固辭，暫為收受。繼思攜帶現銀，諸多不便，且行囊尚可自給，即以原封囑張樵野觀察代存鄂寓。俟回任時就便奉還，遂匆匆往黔中而去。

甲戌九月掃墓事竣。遵旨回東，仍出漢皐，擬將原件送還。觀察謂原封不拆，顯見未曾動用，於交情上說不下去。不如全件拆封，另為封固，再行歸還。總算領彼人情。乃拆視原銀，平短色低，想係司帳者當時作弊，勤恪不知也。

但既經拆劫，何說之詞，代補足平色三百餘金，由觀察送還，以全交誼。丙子冬升任川督，入京陛見。馳驛不過天津。文忠專函迎途邀約，堅請至津門一敘。在津盤桓兩日，別時，文忠謂現今督撫陛見到京，應酬大於往時數倍，知君兩袖清風，一無所有，已代籌備銀一萬兩，存京某號。君到京時，可往取用。邇時公囊中羞澀，以文忠高義薄雲，不忍負之，竟爾收受。詎到京正值某邸某相生日，外使入京，所望甚奢，手筆不能寒儉。又同鄉舉子百數十人，留京待試，群望所屬，更須從豐佽助。綜計一應支出，前款萬不敷用。公籌維再四，笑謂一客不煩二主，復函致文忠，再行代籌萬金。文忠毫無吝色。公到川後，屢思籌還，而力終不逮。

乙酉秋間，公子子美比部在京病逝，公聞之哀痛，百感交集，談及文忠借銀事，自忖歸趙無期。乃囑余代擬函致文忠，略謂：「前荷盛情，久銘肝膈。屢思返璧，力不從心。自維此生無報瓊之期，而又不願貽子孫之累，我借我還。息壤在彼，銜環之義願矢來生」云云。此函發訖，余亦辭公北上。諒文忠接閱後，必有好詞以慰公也。當日文誠之清操絕俗，勤恪、文忠二公之重友輕財，均不可及。特述之，以為後世交友者勸。

# 江南多名勝古蹟

余撫汴，承某公後，雖不敢謂百廢俱舉，而凡河務、警務、戎務、農工、商務一切新政，次第舉行。歷任三載，精神為之疲憊。省中又乏佳山水，足以爽心悅目，意竊苦之。迨調任姑蘇，久稔富庶之邦，又係湖山之窟。省會開通較早，文明為各行省冠。官斯土者，第一切出以鎮靜，獄市不擾，即可培養元氣，上理徐臻。爰於公暇先訪名剎寒山寺，近而虎丘、山塘、石湖、黃天蕩諸名區，遠而靈巖採香徑、天平白雲泉、司徒廟古柏、鄧尉梅花，一一均攬其勝。太湖距省僅百餘里，東西洞庭七十二峰，尤具天然形勢，稽之案牘，前使者安化陶文毅公澍旌節曾經蒞止。東山古雪居，公曾賦詩《泐石歌詠》，傳為盛事。文毅至今八十餘年，使者亦屢易人，而足跡罕經，望洋興歎。

余於丙午秋，聞湖中私梟不靖，因決計帶隊巡湖，藉以建威銷萌。乘坐槍划，用汽船拖帶。自胥口放舟，先至東山。湖中父老由童而髦，久不識漢家旌旗為何物。瞥睹棨戟遙臨，擁道歡呼，頓覺失蔭童兒一旦獲依慈父母。梟匪遠聞，駭為師從天降，霎時為之斂跡。凡古雪居、莫釐峰，登臨幾遍。道山鼋山，乃上年梟匪肆虐，擊敗官軍，殲毀師船多隻處。劫灰歷歷，猶可搜尋。嗣舟發西山，雖未登縹緲峰絕頂，而石公山一笑迎人，為之低徊不能去。石公為西山最佳處，乾嘉諸老宿登高作賦，雅韻猶存。摩挲碑石，惜半為風雨剝蝕。江山勝跡，我輩登臨，不禁感慨繫之。計住湖中三日，每晨傳集舟師將領兵士而申儆之。嗣由馬磧山，經獨山門，進內河口，已達無錫境。遂尋惠麓訪第二泉，一品竹鑪風味。自維平生仕宦，竟日抗塵走俗，何幸承乏吳會。雖為時不及二稔，尚有雅人深致。俞曲園先生曾賦詩志羡，並云昔歲曾隨侍曾文正公，一上天平；至太湖東西之勝，文正亦有志未逮也。至省中滄浪亭、拙政園、網師園、顧園、留園諸名區，已習見不鮮，旦暮遇之矣。

# 朱之榛堪稱能吏

平生自慚無才，而愛才若命。上任五行省，所共事寅僚不下數百人，就中才識，推平湖朱竹石觀察之榛為冠。觀察家學淵源，早歲官丞倅，已有能名；積資洊升，以江蘇道中候補，於蘇省內政、外交、刑名、榷稅尤為熟悉，計署臬司十三次，署藩司二次。歷任巡撫倚如左右手，連章優保，徒以病於目，未能駸駸大用。識者惜之。觀察雖短於視，一應公牘，但令書記朗誦一過，即能貫徹於心，一一裁決，無不恰中肯綮。任刑名久，總司釐務數十年，遇州縣來謁，觀察御之嚴。謂某縣錢漕進款若干，某卡稅釐入款若干，除去應解公家若干，某缺餘若干，某差賸若干，均飽爾等私囊。倘再不知自愛，貽誤公事，白簡具在，不能為爾輩恕矣。所言洞見癥結，吏不敢欺，吏不能欺。

余遇大事，決大疑，每商之觀察。一經擘畫，咸就條理。適淮揚道缺出，江南官多如鯽，負大力者咸存希冀心。余昌言於眾曰：「蘇省外補道缺甚少，每有缺出，由督撫會商遴員奏補。但商之云者，以其人之可否，尚須斟酌。若朱道才望資格，均推第一，有缺即補，何須互商？倘淮揚一缺，不以朱道請補，勿論另補何員，巡撫不能畫稿，即請總督專銜陳奏可也。」某督以難違公論，落得順風使帆，分寧道員縱多，而分蘇道員獲補，群相觖望，至譏余謂專攬政權。余惟扶持善類，力主公道。悠悠之口，一笑置之。迨余去蘇，觀察迄未蒞新任，旋即病逝。豈暗中猶有阻扼者乎？不得而知已。

# 俞樾之博學

德清俞曲園先生，東南碩學，以翰林罷官歸，僑居吳下。所著《春在堂全集》，膾炙人口。湘鄉曾文正至有「李少荃拚命作官，俞蔭甫拚命著書」之語。內兄許子原觀察，為先生婿。先生文孫階青太史，又出余門下。余撫蘇菭新時，出〈大梁留別詩〉七律八章示階青。先生見之，即日和成。馬工枚速，兩擅其勝。余為之驚服。寒山寺古剎，為姑蘇名勝。兵燹後失修，公暇往遊，蓬蒿地滿，即所謂「夜半鐘聲」者，亦歸諸無何有之鄉，琳宮寶剎悉付劫灰。爰捐俸釀貲，重建殿宇，並笵鐘泐石，以存古蹟。

寺中舊有文待詔草書唐張繼七絕一首，碑已半圮，字亦經風雨剝蝕殆盡。爰請先生重書。先生謂張句固佳，但「江楓」二字不甚可解。考之《中吳紀聞》，所載係《江村漁火》。因賦一絕辨正，與原詩共書諸石。今尚兀立寺中。余辛亥解組，僑居滬瀆，曾至姑蘇，偶過楓橋小泊，重尋雪爪，摩挲片石，為之低徊而不能去。先生丙午十二月病逝前一日，余往視疾，時已昏厥，猶強語余曰：「《春在堂集》煩多印行。」余允之，臨沒口拈一絕云：「茫茫此恨竟何如，但恨秕糠未掃除。七尺桐棺三尺土，此中了卻萬言書。」可想見其風致。余奏請入《國史儒林傳》，奉旨俞允。《春在堂全集》兩次捐資印行，以償夙諾而廣流傳，期不負九原知己而已。

# 陳啟泰遭傾軋

丁未七月，余在江蘇任內，升授川督。所遺蘇撫以浙撫張君曉颿風曾敭調補。川黔接壤，余去鄉已廿六年，爰於具摺謝恩時，附片奏乞賞假三月，回籍省墓。時張君以辦理秋瑾一案，不無操切，大拂江浙人士之意，撫蘇命下，江南士紳專電阻其來蘇。張亦請假就醫。余入覲情殷，歸思正切，專電樞廷，請以蘇藩陳君伯平啟泰（戊辰翰林），護理撫篆，以便剋期交代，入京祝嘏（時值慈禧太后萬壽），奉旨俞允。電音傳來，詎江督端忠敏公以事前未經知照，意頗不懌。而又無從與余作梗，乃密電樞臣張文襄公，謂伯平嗜好甚深，不堪封疆重任。力保鄂藩李君岷琛，堪以升補。遞遺鄂藩，請以鄂臬梁君鼎芬補授。

維時文襄新入政府，李、梁二君，乃其舊僚。端意在迎合，希冀動聽。文襄持端電傳觀樞垣諸公，項城袁君世凱笑曰：「伯平是否吸煙，尚在疑似之中，若少東（岷深字）之痼疾甚深，余在津親見，詎午橋（忠敏字）竟不知耶？目前已有電旨，令伯平護理蘇撫，實任應簡何人，俟升任川督陳筱石制軍到京，面詢伯平精神如何，再行請旨辦理。」文襄意亦謂然。其後伯平果拜真除。在余原不敢居功，而江左諸君群起與之為難。伯平忠厚長者，何堪八面受敵，卒之遇事拂逆，齎志以歿。靈櫬回湘時，余適在武昌。曾親詣舟中祭奠，揮淚送之。而與彼作梗者，不數年間，大而禍國，小而殺身，竟無一令終身。伯平有知，當亦含笑於九原已。

# 萬壽節觀戲

在昔后夔典樂，百獸率舞；大漢西京朝會，盛呈百戲；唐則霓裳羽衣，傳之天上；歐公《五代史》，至特編《伶官傳》。戲之由來久矣。我朝恭遇萬壽，王公大臣入坐聽戲，載於會典，誠重之也。余以外吏兩次入京陛見，均值慶辰，恭逢鉅典，耳聆仙樂，不可謂非榮幸。癸卯六月，以汴撫入京，適值德宗景皇帝萬壽。在頤和園隨班行朝賀禮。先期傳令入坐聽戲。上駐蹕頤和園，即於園中德和園排演。臺凡三層樓，北向，規制崇閎。兩宮正殿坐，南向。東西各楹，諸王公大臣以次坐。凡近支王、貝勒、貝子、公、滿漢一品大臣，暨內廷行走者均預；在外將軍、督撫、提鎮適在京者亦預。其京中一品之各旗都統，及二品滿漢侍郎，均不得列入。東第一間，近支王公，次軍機大臣、大學士、各部尚書、都察院左都御史等。西第一間，御前大臣，次內務府大臣，南書房、上書房翰林。將軍、督撫、提鎮之在京者，居於西末一間。此其大較也。計獲親盛典者，約五十餘人。由內務府大臣即時傳單知會，共湊集銀二千兩，為賞犒內監之需，人約派五、六十金，繳呈御覽後分給。

辰九鐘，諸臣先到，各依次跪。少焉，樂作。內監傳呼：「駕到。」皇上在慈聖輿前步行，后妃、公主、福晉等隨輿後。慈聖下輿，升殿坐。諸臣行三叩首禮。傳命脫補褂，去朝珠，賞賚雪藕、冰桃、瓜果等物，人各一黃龍盒。由內監親賚呈，慈聖一一過目，始依次遞交。各敬謹領訖，行一叩首禮謝恩。內監承旨，命張大幕二：一由北而東；一由北而西，名曰隔坐。三面各不相見。僅見者，臺上歌舞耳。諸臣可於其時休息談論，各適其適。兩宮體恤臣僚，無所不至。余居西第六間，同坐者，為湖廣總督張文襄公之洞、安徽巡撫誠中丞勳。維時正演《吳越春秋》范蠡獻西施故事。當范蠡造太宰嚭府第時，投刺二次，司閽不之理；嗣用門敬二千金，閽者即為轉達。閱至此，文襄忽失聲狂笑曰：「大惡作劇，直是今日京師現形記耳！」一聲振殿角，余亟以他語與周旋，免再發言，致徹天聽。時交午正，內監傳呼：「賜宴。」宴設於仁壽殿東偏殿，凡八席，諸臣隨意飲啖。大官廚瓊漿玉粒，非復人間風味也。酉正撤幕，各大臣仍須衣冠如禮。未幾，樂止。復朝北行三叩首禮，各趨出。翼日，亦如之（皇上萬壽戲二日）。

又四年丁未，升任川督，十月到京，恭遇慈聖萬壽。先期賞紫禁城騎馬，賞西苑門內騎馬，賞坐船隻賜塾，並賞初九、初十、十一三日聽戲（慈聖萬壽戲三日）。時交冬至，即在西苑舉行慶典。於豐澤園左另製戲座，廣設帷幕，規制較淀園為狹，以其可禦嚴寒也。適余與馬提督玉崑、姜提督桂題、夏提督辛酉，同在西末間。南皮與項城，甫直軍機，二君均不喜觀戲，輒至西間外房，命蘇拉約余出外閒談，詢庚子拳亂事。猶憶臺上正演《長生殿》傳奇，簾幄之外雪花紛披，想見瓊樓玉宇高寒景象。曾有詩云：「長生一曲愴心神，凝碧池頭百戲陳。樂府舊人誰尚在？不堪回首說庚辛。煙波一舸任遊行，三海風光畫不成。為報來年豐已兆，雪花飛上御庚辛。」蓋紀實也。今則滄桑陵谷，事變日棘，昔時鈞天廣樂，祇好付之一夢。尚何言哉。

# 漢口民變

天下大鎮四：曰河南朱仙，曰江西景德，曰廣東佛山，曰湖北漢口。自豐工決口，河流橫齧，朱仙化為一片沙礫場，不成商市。景德但營業陶工一部分。佛山近海，市場較大。然據武漢上游，推內地商埠第一，莫如漢口。凡西南若滇、若蜀，西北若秦隴、若豫晉，五方百貨，均奔輳於此，以灌輸於東南。該鎮背湖枕江，一線長堤廿餘里，廛市鱗集。惟限於地勢，凡細民無力居肆者，咸於肆旁設攤貿易，不下千餘家，均借此謀生活，由來舊矣。

余戊申四月抵湖廣任，前任某制軍稱交案件，約數百起。窮日夜之力，悉加判決。某制軍辭赴蜀任，舟維漢上，擬拜答各國領事官。適巡警道馮觀察啟鈞銳於市政，早欲將鎮中攤市一律肅清。而又未曾預擇廣漠之場，為移此就彼之計。遽聞某制軍來鎮拜客，將計就計，傳諭闔鎮一律拆攤清道，以備大府賁臨。攤商以為暫時拆卸，不得不遵。時已三日，群擬回營生理，馮觀察又傳諭，攤經拆去不准再設，另各擇地謀生。於是大拂商情，群執香向有司衙門請求復業。某制軍是日仍復拜客，易輿而騎，正馳驅市中，眾商遮攔馬首呈訴。某制軍倘能妥加曉諭，令其仍舊貿易，移攤一事，從緩解決，該商等無不樂從；即不然，而諉之後任，亦可諭知該商等，謂已經卸事，應候後任酌辦，該商等亦無知之何。及均不出此，一見眾商攔阻，勒回馬頭，拚命狂奔，竟駕扁舟而逸。眾商見其飛奔示怯，一時人聲鼎沸，相率窮追。鎮中無業游民最多，所謂大攏隊、二攏隊者，不下千餘人。附和滋事，焚燒搶掠，紛擾昕夕。某制軍甫離漢鎮，而該鎮之大亂將作矣。

余遠在武昌，聞警後立派張統制彪、黎協統元洪，各帶軍隊馳往。先保護鐵路、電桿，及一碼頭等處與租界聯屬之地，恐匪徒攔入界內，致煩交涉。又慮夜間軍隊入市，易滋驚擾。夙諗鎮中商辦救火會最得力，札令該會夜巡邏，以防未然。部置甫定，適盛侍郎宣懷來謁。侍郎膽素怯，謂所辦漢陽鐵廠與兵工廠毗連，合計約數千人，漢口有警，必遭影響，懇派兵彈壓保護。余謂君可無慮，此案乃巡警道辦事操切，激變商情。既經准其復業，收拾至易。其餘不法之徒，乘機擾亂，已派隊彈壓，絕不至大起風潮。並聞沿江某制軍幸災樂禍，越境欲建奇功，已在下關簡糾師船，武裝待發。

余指揮雖定，究以鄂省人心浮動，使者蒞新未久，恩信未孚。以將士能否用命，均難意測。外雖持以鎮定，私衷不無惴惴。乃荷天公做美，由宵達旦，大雨時行，延至次日午後始止。連江烽火乃為一雨洗淨，兵氣無光。事定後，派員查勘，僅焚燬洋商一、二家，華商四、五家，洋婦亦有受傷者，略加撫恤，各無異辭。某制軍督鄂甫半載，不能為鄂造纖芥之福，幾至為鄂釀滔天之禍。清夜以思，何以自解？至馮道之辦理不善，咎實難辭。第查其平日勇於任事，並非不堪造就者，薄加譴責，以勵將來。此余抵鄂渚接任後第十日之事，特備述之。

# 張之洞經營武漢

武漢據天下上游，夏口北倚雙江，武漢屏蔽。龜蛇二山，遙遙對峙。岷江東下，漢水西來，均以此間為樞紐。地勢成三角形，屹為中流鼎峙。余服官鄂渚，適英、美水師提督乘兵艦來謁，謂：「遊行幾遍地球，水陸形勢之佳，未有如茲地者，推為環球第一，不僅屬中國奧區，竊興觀止之歎。」地利關係一國之強弱如此。軍興以後，南皮張文襄公服官最久，於省垣分建絲、麻、紗布各廠，以塞漏卮而擴利源。並建甲、乙、丙、丁四棧，奄有碣石招賢、平津東閣遺意。漢陽立鐵廠、兵工廠，規模尤為雄闊。惜但能舉其大綱，承辦者不盡得人，至有美哉猶憾之歎，然一个臣之遺澤遠矣。夏口當輪船、鐵路之要衝，百貨雲駢。洋商茶市交易，不集於滬瀆，而君趨於漢上，所係顧不重歟。

余承乏二載，蕭規在望，有愧曹隨。第前賢施之博者，輒守之以約，昔日資為利者，頗思救其弊。此無他，意指本不相符，而今昔之情形，亦有所不同也。

曾過漢陽，登晴川閣，憑覽江山形勢。文襄有聯云：「洪水龍蛇街循軌道，青春鸚鵡起樓臺。」想見元臣風概，固自不凡。獨武昌黃鶴樓久燬於火，迄未修復。竊怪文襄督鄂廿餘載，經營建設，不惜浪擲多錢以億萬計，區區一樓，估值僅需十萬金，何以靳而不舉？得毋文人結習，嫉「崔顥題詩在上頭」乎？每與鄂紳柯巽庵侍郎逢時讌集，倡議重修，十萬之數不難籌辦。甫定議，適奉移節北洋之命，繼任者忞睢暴戾，欲盡翻前人成案而芻狗之。坐鎮非才，群焉一鬨。不一稔而方、召中興之地，忽易為勝、廣發難之區。江漢橫流，罔有其極。乃知保邦制治，不惟其地惟其人。後之論者，可以觀其變而會其通已。

# 狀元多出於江浙

國家龍興遼瀋，定鼎燕京。援照明制，特開科舉，以繫人心而光國典。順治丙戌會試，為開國第一科，選山東聊城傅君以漸為狀元。由丙戌截至光緒甲辰廢科舉之日止，計共得會試一百十三科（鄉試同），狀元共一百十三人：內蒙古一人，順天一人，直隸三人，山東六人，河南一人，江蘇五十人，浙江二十人，安徽九人，江西三人，福建三人，陝西一人，湖北三人，湖南二人，四川一人，廣東三人，廣西四人，貴州二人。餘東三省、山西、甘肅、雲南均無人。江蘇一省幾得半數。蘇州一府計廿三人，幾得一半之半。蘇、浙文風相埒，衡以浙江一省所得之數，尚不及蘇州一府。其他各省或不及十人，或五六人，或一二人，而若奉，若晉，若甘，若滇，文氣否塞，竟不克破開荒而光鉅典，豈真秀野之懸殊哉？

竊嘗縱觀而知其故，自言游以文學專科，矜式鄉里，宣尼有「吾道其南」之歎。南方火德，光耀奎壁。其間山水之鍾毓，與夫歷代師儒之傳述，家弦戶誦，風氣開先；拔幟匪難，奪標自易，此一因也。冠蓋京師，凡登揆席而躋九列者，半屬江南人士。父兄之衣缽，鄉里之標榜，事甫半而功必倍，實未至而名先歸。半生溫飽，盡是王曾；年少屐裙，轉羞梁灝。不識大魁為天下公器，竟視巍科乃我家故物，此又一因也。綜此二因，沿成積習，至國朝，三元僅得二雋。蘇州錢君棨三元坊高豎黌宮道左，余撫蘇時猶及見之。而廣西邊遠省分，亦有陳君繼昌。其人崛起遐荒，如驂之靳。始知文章同此報國，人才不限方隅。篤生非偶，人貴自立，科名一事，特其小焉者耳。

通計聖清一代，自博學鴻詞科、特保經濟科出，而翰林卻步。自援例納粟、軍功、保舉興，而正途減色。至廣方言館、憲政編查館、督辦政務處立，而科舉遂廢棄不復存。狀頭之名，從此中絕。一朝之國運，亦從此告終焉。重檢館選錄，為之太息不置也。至由狀頭登揆席，所謂狀元宰相者，有清一代，僅得一十四人（協揆不預）。曾聞之元和陸文端（潤庠）相國所云，爰綴於篇末。

# 安慶兵變

光緒戊申秋，江鄂兩省會操，地在安徽太湖縣。江南第九鎮統制徐鎮紹楨，與湖北第八鎮統制張鎮彪為南北總司令官。張鎮辭赴皖境，余告之曰：「張中堂經營締造，不惜縻鉅餉，練成此軍。」故鄂省成軍在江南之先，一切軍械較他軍為完備。壯哉此行，可以實地練習，為將來敵愾疆場之用。張去後，所有武漢守衛事宜，責成獨立協黎副將元洪、署巡警道金道鼎和衷辦理。詎皖省新軍統帶熊成基，乃著名老革命。乘秋操時，皖撫朱經田（家寶）中丞馳往太湖彈壓照料，省垣空虛，煽動闔營兵變，圍攻省城。余聞警報，飛電經田中丞立即旋省，並電飭張統制彪速命王協統得勝帶隊折回安慶，力保鄰疆。經田中丞亟圖捍禦，苦於無兵。該叛軍熊成基勢張甚。援軍一時未刻，殆哉岌岌。

適鄂省載兵赴皖之楚材兵輪，停泊皖江城外，管帶孟憲德首先開炮，擊毀叛軍營壘炮臺。霹靂一聲，山鳴谷應。熊成基知事已敗，始逃往集賢關北去。餘黨紛紛潰散。適王得勝軍到，省城得以保全。營中未叛者，尚有數百人，即由王得勝率隊住紮該營中，暗為抵制。閱五日而大局粗定，張統制始督率全鎮回鄂。當皖中兵叛之時，不幸適逢二次國恤，全國震驚。武漢地方人心浮動，論言四起。余不動聲色，密飭黎協統、金觀察多方鎮壓，得以轉危為安。

厥後皖省奏報，由江督某制軍主稿，鋪敘該軍靖難情形。而鄂兵輪首先開炮，擊走叛兵；暨王協統暫守皖垣，力服降卒，一字不提。但據皖撫來咨，謂：「鄂省出力人員，亦應列獎，請開具銜名，咨皖具奏。」鄂軍將弁聞之大譁，相率不願列保。余一面善言撫慰，並專摺聲敘當日鄂軍代為靖亂情形，並稱鄂省援皖各將弁，食祿忠事，於義當然，鄂軍歷年奉派援湘、援汴、援蘇、援桂，幸示隕越。此次以兵剿兵，與平時剿匪不同。且發難即係皖省陸軍，首犯熊成基迄未弋獲。省界雖殊，軍界則一。方以軍人名譽攸關，引為愧咎。何敢仰邀獎敘，致抱不安等語。疏上，奉硃批，飭余查明得力人員，擇尤保獎。江督、皖撫聞之，均各慚惶。爰遵旨敘保十九員，楚材兵輪管帶首先開炮之孟憲德，業已病故，不及身邀顯擢，僅得從優議恤。余深惜之。時張文襄公尚在政府，來電云：「君真能為鄂軍吐氣。」余覆電謂：「吾輩激勵軍士，應如是耳。」並非與江、皖連帥鬧意見也。

# 武昌營房設置不當

國家整軍經武，原以自強之道首在練兵。第此事非可紙上空談。即以屯營而論，首須查勘地勢。省會之區建置營房，宜於郭外擇一二高原曠野，或背山，或臨水，分營駐紮，不宜專駐一處；但取消息靈通，於同袍同澤之中，隱寓相維相制之意。在昔棘門、細柳，未知若何。以近時而言，凡目所經者，不下十數處，此其大較也。

戊申蒞鄂督任，下車伊始，首以鄂省屯軍處所詢之。第八鎮統制張君彪、混成協統黎君元洪僉謂，所統各標營，大半在武昌城內蛇山左近。心竊詫之。嗣率同張等前往查看，所有營房一律仿照西式建置，規模極其崇閎。續查鎮營與協營同在一區域，望衡對宇，形勢崢嶸。余心更為詫異。省垣繁庶之地，但須警察得力，足以建威銷萌。無端聚此赳赳勇士，多則萬人，少亦數千人，雜居共處，易滋群鬨。萬一變生肘腋，為患何可勝言。況此營與彼營，並不同一部分，無端強與合併，意見不免紛歧，接觸尤易齟齬，逞私憤而昧公義，誠恐在所不免。不審文襄當日經營構造，何以貿然出此。將欲力加改作，又恐搖動軍心。兼之習慣既久，亦慮遷地弗良。展轉籌度，無術補救。未幾，余調任北洋，繼任者恣睢暴戾，變遂生於肘腋之間，無從防禦。適作成武昌起義之名，玉步因之遽改。誰使神州陸沉？恐夷甫諸人不得不執其咎也。論語有之，「季孫之憂不在顓臾，而在蕭牆之內」，誠哉是言，可深味已。

# 捐建崇陵

光緒元年歲紀乙亥，舉行恩科鄉試，余獲售，是為承恩之始。其間服官京師，外任各行省，由藩而撫、而督，均在光緒三十四年中。不幸龍馭上賓，沖皇嗣統，攝政甫經三載，國體更變。余亦因病棄職。舊制新主即位，例須奉卜萬年吉地。不知何以當時未經懿旨施行。直至大行之後，倉卒於西陵建造山陵，梓宮暫奉祀於梁格莊享殿。余己酉十月由鄂調直，入京陛見。翼日敬謹齋戒，馳往西陵，虔叩梓宮。追維聖德神功，澤流中外。微臣渥蒙殊遇，答報無從。輒不禁感激流涕也。

大工未集，忽值國變，一切匠作，因而停止。幸南海梁文忠公鼎芬，痛哭陳書，嚴責當事。撥給巨帑，得以乘時興工。並函致海內外諸遺臣，量力報效，集成鉅款，為山陵種樹之需。余報效四千元，內子許夫人報效二千元備用。文忠於事竣後，曾影崇陵種松圖見寄；承修此項欽工之前直隸布政使淩方伯福彭，復以崇陵寢殿拓印成圖寄閱。荒江孑遺，老眼摩挲，不知涕之從何出也，至孝欽顯皇后菩陀峪定東陵，前為萬年吉地，年久重修，余亦曾任此役。目睹規模崇麗，不比崇陵倉卒興辦，諸形簡陋。時會所值，無可如何，惟有委之氣數而已。

# 晚清官場糜爛

直隸為各省領袖，屏蔽京師。自五口通商，特設北洋大臣，以直督兼任。形勢較他行省為要，體制亦較他行省為肅。李文忠歷任廿餘年，庚辛議款，上相騎箕。時奉永遠停捐之旨，捐輸異常勇躍，北洋實總其成。文忠歿後，存款不下千餘萬金。繼任某制軍藉以為練兵之用，不三年，支銷殆盡。復奏准由各省合籌練兵經費，歲約數百萬，竭天下之脂膏，供一己之揮霍，而寶藏竭矣。厥後繼任某制軍，復踵事增華，取攜任便。歲入只有此數，出則層出不窮。

余由鄂調直，未到任前，某藩司護篆，一意徇情見好，計一月內札委差使至一百五十餘人，聞之殊為震駭。公帑有限，豈能長此濫支。乃破除情面，一筆勾之。並將前有兼差者，一律釐剔，以昭核實。開怨同僚弗顧也。舊制北洋大臣履新，各國領事先來拜謁。某藩司護院，力崇謙抑，先往拜各領事。余蒞任後，領事團欲援以為例。余笑謂：「中外通商，凡交際與交涉釐為二事。交際以私交言，余與各領事素無交情，何必令其來見。交涉事關兩國公件，關道與領事平權，載在條約，盡可互相商酌。渠亦勿庸見余，聽之可也。」

適美國新任總領事抵津，不以領事團為然，首先來見。德國領事以德商與華商交易，多歷年所，華商虧欠德商銀至一千一百萬兩，歷前數任，迄無辦法。時值歲暮，急求余一言解決，竭誠請謁。其餘各領事，目見團體已散，遂亦相率來見。法領事並託譯員轉述，渠等一時誤會，致拜謁稍遲，請勿介意云云。余一一應付之。並允德領事所求，商之度支部，為設保商銀行，以紓華、洋各商之困。各領事見余此舉，均為滿意。嗣後交涉不煩言而自解。此余甫履新一月內之事。

開歲庚戌正月，樞臣南海戴文誠（鴻慈）逝世。輦轂之下，喧傳余將內召入輔。甚余者，嗾使言官某侍御，以不根之言，妄行參劾。仰荷聖明垂鑒，令該御史明白回奏。卒以妄行誣蔑，不稱言職，從寬飭回原衙門行走。余以時艱莫補，方幸借此乞身，騰章引疾。卒蒙溫旨慰留。碌碌濫竽，瞬經兩載。會逢辛亥之變，適方臥病治事，不能中流擊楫，挽東南之厄運，僅克保我疆土，還之朝廷。迨遜位詔下，余亦蒙恩給假。家居海上偷生。匆匆又十三載，追維往事，感激涕泣，不知所云。

# 天津學潮

宣統初元，設立憲政編查館，憲法期以九年成立。於第九年特開國會，新政逐年舉行。立法未嘗不善，奈一般急進派嫌其過遲，訾議政府有意延宕，阻撓憲政。東三省新學家，首先入京，乘機煽動，革黨一倡百和，伏闕上書，請立時開國會，並至攝政王府攔輿陳請。朝廷以議定年限，未便遽行允許，而又不能剴切曉諭，以崇國體而戢眾囂。終日紛擾，舉國若狂。監國至避居大內阿哥所，未敢公然回邸，以避其鋒。正相持間，天津無賴某君，出身寒微，庚子後和議成，外人歸還津地，某君乘時崛起，以創辦學堂為名，聯絡當道士紳，居然自命為維新人物。聞奉人在京請願，事未果行，乃勾串來津請願，嗾使各學堂各派代表。登時聚集千餘人，斷指喋血，群向督署陳懇入奏，早開國會。一面力阻各學生上課，借示要挾。並通電各行省各學堂，同時罷學請願，期憲政即日成立。言之雖亦有故，實則假公濟私，意存叵測。津地人情浮動，影響所及，殊於治安大有關係。

余不動聲色，傳令為首代表來見。諭以朝廷預備立憲，決無更改。第有一定秩序，勢必分年辦事，豈可一蹴而成？今眾情既形亟亟，亦係愛護國家，力圖早日富強之意，使者亟為嘉許。惟恃眾罷課，甚至通電全國，震駭觀聽，實屬大干法紀，亦不得為爾等寬恕。當嚴飭各學堂校長，傳諭學生一律上課。由使者據情具奏，以九年立憲為期較遲，難孚眾望，籲懇朝廷提前趕辦，期於五年成立。所有奉省各員一律資遣回籍，靜候諭旨，不得在津逗遛，另生枝節。疏既上，荷蒙俞允，分別曉諭，群情極為貼服。並電知各省曉諭各學堂教員、學生一體遵照。窮三日之力，大海風潮為之頓息。

繼思析津開學最早，學規本極嚴肅。自某君混入學界，恃有護符，跡其平日不安本分，已非一端。此次竟敢挾眾罷學，通電全國，幾至激成鉅變，不可收拾，此而不懲，何以端士習而肅法紀。律以兩觀之誅，亦屬罪不容辭。祇念立憲時代，姑從寬典。飭署巡警道田君文烈密拏到案，即日電奏發往新疆安置。奉旨後，立派妥役押解起程，不准少有稽延。津門士紳，有為之關說緩頰者，已望塵不及。頗訝使者辦理此案之密而且速，而為地方除一巨蠹，則又未嘗不心悅而誠服。此宣統二年庚戌十月事。迨辛亥十二月遜位詔成，國體更變，余亦乞病獲允，萬事不關。而某君何時旋津，是否改過遷善，能否為民國效力，惟有付之不論不議之列而已。

# 楊士驤補缺

丙戌同年楊蓮甫制軍向官京師，所居相距窵遠，不常把晤，僅於春秋期會，樽酒言歡。君以編修改官直隸道員，庚子隨李文忠公來京議款。余時官京尹，襄辦和議，與君時相過從。患難論交，情非恒泛。歲杪，通永道出缺，藩司周玉山（馥）方伯言之李文忠，請以君奏補。張幼樵學士時在幕府，亦為君說項。文忠終以君到直資格太淺，未經允諾。猶記小除夕日，君匆遽造余，詳述前事。以余係府尹，此項奏件例須會銜。並述周、張二君語，謂非余力向文忠陳說，難冀有成。且時甚促，一過新年，正月初五文忠壽辰，保定署臬司某君來京祝釐，資格較深，恐文忠意有所屬。語次情形極為迫切。余以同年至好，又係分內應辦之事，允於除日往見文忠。

詎到時，文忠正會晤德公使，以懲辦禍首。未滿各使意，德帥瓦德西欲下各動員令，逕往陜西與樞府面商。文忠極為勸阻，一面電奏行在。迨德使去後，文忠擬暫休息。余揆此情勢，恐難進言，而蓮甫守催不已，祇好姑為開說。文忠謂，蓮甫雖係翰林出身，第官直日淺，此缺尚有盡先應補之人，長官亦須稍存公道，余謂：「公言誠是。直省候補人員雖多，但從公於患難中者，目前僅蓮甫一人，勞績亦不可沒。公昨謂行在諸公，均蒙優敘。然而從公於賢良寺者，不應得優敘乎？」公笑曰：「我已知蓮甫託君前來說話。君與彼為同年，又係大京兆，例須會銜。我若奏補他員，恐君不肯畫諾矣。請如君議。」余亦笑對曰：「某所言，實係力崇公道，並非專顧私交。」比時窗外環而聽者多人，知事已諧，玉山方伯趨而前曰：「稿已辦就，即請書奏。」余亦列銜書奏訖，與方伯退入蓮甫室。適吏部尚書嘉定徐頌閣（郙）先生在坐，聞之謂余曰：「蓮甫得缺太便宜。但須說明，如何應酬我。否則，交部議奏時，我必議駁。」余笑曰：「公喜食福全館，蓮甫治具尤精，多備盛筵飫公，余亦得叨坐末，何如？」均各大笑。寧知蓮甫官符如火，奏到，竟邀特允，不交部議。尚書挾持一飯而不可得。

厥後余撫汴，蓮甫任直臬，擬保升豫藩，為余臂助。項城阻之。不數年，蓮甫已繼項城為直督，而余督直轉在其後。功名遲速，庸有定乎？蓮甫歸道山，未經國變，可謂全福。公子輩承其餘廕，各自成立。長者尤恭謹，克世其家。故人有子，為之欣喜不置。

# 清廷退位

辛亥八月，武昌發難，總督出走。余適在病中，警報傳來，以鄂係舊治，深悉彼中情勢。密電樞垣，謂川督岑君春煊帶隊入蜀，計時已在鄂中，請旨褫鄂督職，以岑調任，責令收復省會。鄂垣兵變，僅一小部分，速電飭帶兵統領督率南湖一帶各軍，並漢口駐紮軍隊，力圖規復。陸軍第二鎮第一協全部，現駐保陽，即時下動員令，京漢快車兩日一夜可達漢口，直逼武昌，以壯岑軍聲勢。彼係烏合之眾，人心未定，收復不難。而樞府不報也。但責令陸軍部編一混成鎮，有此軍步隊參以彼軍馬隊者，有彼營輜重配以此營馬匹者，混沌雜糅，故緩師期。卒之兵與兵不相習。將與將不相識，遲之又久，始報啟程。迨抵漢口時，鄂中叛黨，布置完備。羽翼已成，公然誓師抗順，大局不可問矣。

項城賦閒已久，乘機思動。其門生故舊，遍於京津等處，不恤捐集鉅款，輸之親貴，圖謀再起。監國以彼從前廢斥，其咎非輕，不敢貿然起用。該黨以監國素重視余，謂得北洋一保，必生效力。某君夤夜來謁，極為關說。余嚴詞拒之，謂：「項城前係一品大員，此時起用與否，朝廷自有權衡；不宜由疆臣奏保，致涉植黨之嫌。倘貿然上疏強令出山，不特無以尊朝廷，亦非所以厚愛項城也。」其人嗒然而去，復運動連疆某督、某撫，即時電保。謂非任用項城，不能收拾危局。監國惑之，未能一意堅持。項城一出，而清社遂屋矣。

當其奉命督師也，徘徊於豫楚之間，不肯直入鄂境。卒以夤緣組閣，遄回京師，大權獨握，修前日之怨，力排監國去之。政由己出，東朝但司用璽而已。嗣復授意前驅各將領，聯銜力請遜位。滬上僦居某督等和之；商界各巨子亦和之；英國公使某君，亦復為之聲援。十二月廿五日，遜位詔書頒出，二百六十八年之天下，從此斷送。哀何可言。甲子十月，復有馮軍入京之舉，病中驚起，無淚可揮。瞻望闕廷，神魂飛越。雖糾合海上諸遺老，連電津榆，作包胥秦廷之哭，究何裨於大計。悠悠蒼天，謂之何哉！

# 晚清官場盤根錯節

壬午冬會試北上，以車道艱苦，改由海船入京。先在武昌度歲。比時黃鶴樓未燬於火，旅寓即在其下，時往登臨，縱覽長江上流形勢。覺中興曾、胡削平大難，即以此為基礎，憑弔久之。厥後張文襄公督鄂垂二十年，百廢俱舉，規模宏肆。第鄂係中省，財賦衹有此數，取錙銖而用泥沙，不無積盛難繼之慮。晛時者頗心憂之。余辛丑外簡漕督，旋調中州，遂臨吳會。積資既久，署中賓僚僉以吳楚一家為言，冀為升遷預兆。付之一笑而已。

丁未夏，兩廣總督出缺，樞府擬奏請以余承乏。鹿文端昌言，謂豫撫張安圃（人駿）中丞曾任廣東撫藩，熟悉地方情形，遂邀簡任。不數月，川督出缺，余蒙恩升授。為昔年贅姻作幕之地，舊遊重來，一時傳為佳話。且川黔接壤，風土攸宜。不比五羊濱海之區，新黨橫行，難以駕馭。迨入京陛見，文襄適以鄂督內召入直樞廷，與繼任某制軍臭味差池，頗思易人而治。余循例往謁，文襄謂：

「四川地方遙遠，交通不便。如君才地，似與長江一帶為最宜。」余漫應之，不識其意云何。翩陛辭還寓，行有日矣。文襄於丙夜遣价來言：翼日早十鐘散直後，即來寓有話面談，當在寓靜候。詎文襄到後，項城亦來。甫入座，文襄拂然對項城曰：「君言我所辦湖北新政，後任決不敢改作。試觀今日鄂督所陳奏各節，其意何居？且其奏調各員，均非其選，不恤將我廿餘年苦心經營締造諸政策，一力推翻。」意極憤憤。項城婉言代某制軍疏通，以余行將過鄂，屬傳語某制軍，謂文襄所辦興學、練兵、理財、用人各大端，極宜蕭規曹隨，不可妄行更易。余笑應之。項城以文襄盛氣相陵，不便久坐，告辭而去。余送之門外，暗忖似此情形，某制軍必難終鄂任。文襄今日來寓，有事面商，或恐意將屬我。第聞該省財政枯窘，債臺高築，較之川省財力豐富，不啻天淵，豈可以此易彼。爰重入坐，假他事與文襄款洽。文襄意所欲言，一時未便直吐，但云：「君此次遠別，不知何日再見。可在京多住數日，不必汲汲西行。」余復溫應之。

翼日，恐文襄再來絮煩，匆匆乘京漢火車而去。抵漢時，將項城之言，轉達某制軍。適余先請假三月，回籍省墓。戊申二月屆滿，正擬由黔持節入川，先驅已到渝州，己亦束裝待發，適奉上諭，某制軍與余互相調補。未經西上，仍復東行。邊遠勞臣，誠不知聖意所在。嗣悉督辦四川藏衛邊務事宜某大臣現護川督，為某制軍介弟，稔知余將蒞蜀任，特預條陳藏事。謂藏與川相為表裡，一切籌兵籌餉，責在川督。總督與邊務大臣休戚相關，源源接濟，藏事自易奏效。否則，無從辦理云云。文襄因持原奏，力陳於兩宮之前，謂邊務大臣之意，恐川督非所素識，不肯為力。查鄂督與該大臣係胞兄弟，合辦川、藏事宜，公義私情，更屬責無旁貸。不如即將鄂、川兩督互相調補。制曰：「可。」余回抵鄂省接篆後，即速某制軍入川。適年，江督缺出，政府請以余調補。文襄獨謂：「方今時勢，鄂省據天下上游，輪船鐵路，四通八達，較南北洋尤為重要，不宜輕易總督。」事遂中止。逮余調任北洋，已在文襄歿後。此公若在，恐余須久任楚疆。但不知武昌發難時，余倘尚督是邦，又是如何景象耳。

# 清廷氣數已絕

當項城之由鄂北上也，行使內閣職權，前方軍事責成馮都護國璋督辦。馮軍先佔據漢陽赫山，拊龜山之背，漢郡收復指日間事。項城京寓電話處學生，與津署電話學生，本係素識，私電傳來，余喜甚。以正式電話詢之項城。詎復電云：「未得鄂中確息。」其志不在恢復，可為駭異。遲之又久，始悉漢陽業已克復。余急電馮都護，請其率得勝之軍，直搗武昌。馮覆電謂：「漢口江岸缺少船隻，不能逕達省城。」且奉京電，已有英國公使出任調和。北軍暫在漢陽駐紮，不得越雷池一步。余聞之，憤甚。急電項城，略云：「所謂調和者，兩方居同等地位，始各有開議資格。現今革黨，皆我臣民，作亂犯上，自取屠戮之戚。我軍已得漢陽，與武昌僅一江之隔。黨人已聞風喪膽，漢江沿岸船隻何止千艘，頃刻即可飛渡。武昌若復，中外人心大定；沿江下游各行省，亦得所屏蔽，不至望風而靡。即為應酬調人起見，何妨俟武昌收復後，再行開議。聲勢既壯，折衝尊俎，尤易為功。」項城無從置喙，但云：「既經英使調處，不宜逕行用兵。事機一失，連江若贛、若皖、若蘇、若寧、若滬，紛紛獨立，遂至不可收拾。」

又以監國臨朝，不便為所欲為。賄通貴戚，迫脅東朝，勒令攝政王退位。以余現任北洋，凡事作梗。密遣使以甘言相餌，謂余坐鎮津地，於各省獨立之會，獨能捍衛疆土，最著勤勞，行將有宮銜黃褂之錫。但大勢群趨共和，一方豈能立異。與余交誼最敦，近因政見稍歧，各行其是，不能相強。所慮津沽一帶，黨人密布，手槍、炸彈防不勝防，竊代為憂之。余謂與項城比肩事主，回憶孝欽在日，項城受恩獨渥。現值國家多難之秋，正我輩竭忠授命之日。內閣關係全國，項城任之。北洋領袖各行省，余任之。項城謂與余政見不同，誠為知言。余始終惟知有國家，期不負三朝恩遇而已。項城雖日以暗殺為能，偵騎密布，卒亦無如余何也。迨至遜位詔成，余已病莫能興，奏蒙賞給三月假，而國事不可問矣。

# 灤州兵變

奉軍張紹曾佔據灤州車站，威脅朝廷立憲。結納新授晉撫吳祿貞，帶領第六鎮全軍駐紮石家莊，據直晉交界之道，擬俟前驅赴太原受事訖，即回戈直赴北京；紹曾亦由灤赴京，兩道夾攻都城，圖不世之大舉。石家莊軍隊並可阻截項城入鄂之師，不能北上，以免後顧之慮，用計城為狡毒。幸天奪之魄，祿貞忽為隊下亂兵戕害，一說為項城遣人暗殺。後雖奉旨命余查辦，卒莫得其實在情形。然先除此一害，紹曾勢孤，氣為之奪。余乘機遣通永鎮田君文烈，以犒師為名，馳抵灤城，代通情款。紹曾謂，夙隸北洋部下，決不敢犯擾天津。與田君有故，聯牀話舊，中宵以後，忽以一劍置榻上，若隔鴻溝，竟夕不寐。田君知其氣怯，決不能成大事。翼日，旋津覆命，請余勿庸過慮。

田旋升任陸軍部侍郎，通永鎮缺，余檄令王君懷慶先行署理，並奏請實授。王甫到灤，紹曾密令黨人，乘其不備，包圍斗室中，迫令獨立；一面派死黨潛來天津，四處埋伏，散布謠言。一聞灤事得手，津郡同時響應。維時津沽猿聲鶴唳，租界各國領事，紛紛來署探取消息。余雖連電王君，設法出險，苦難達到。幸王素有權略，陽徇彼黨之請，偕往校場行受任禮。匹馬當先，乘其不備，一鞭叱咤，風起雲揚，馳驟廿餘里，群相追逐，望塵弗及。頃刻突圍而出，還入軍中，帶隊反攻，生擒數十人，學生居其大半。電稟到津，批令悉數殲除，以示懲儆。陸軍部亦派兵援應。灤亂平，曾賦〈飛將軍歌〉以策王君之勳。紹曾兵柄既解，踉蹌帶數十人，夤夜來天津。以咨議局議員素通款洽，逕詣局中止宿。合局大驚。

某巨紳及議長閻君倉皇來報，請余飭令所住衛隊移宿他聽。余笑應之曰：「君等昔以張某為義師，不惜為之道地，今竟何如。」爰命材官持令箭傳諭，以津地華洋雜處，《辛丑條約》：二十里以內不得駐兵。可速將所帶衛隊解除武裝，暫住旅館，以免人心疑懼。倘因此另生交涉，咎將誰執。紹曾唯唯聽命。咨議局全體局員及某巨紳等，均各滿意而去。翼日，紹曾來謁，攜其六歲子同來，藉明心跡。余偵知其近日舉動乃父亦不謂然，因囑其早歸養親，徐觀世變，此事遂告結束。然此數日中，運籌決勝，咸資文武各僚友悉心勛助，獲免愆尤，不可謂非幸事已。

# 辛亥天津民心浮動

光緒末造，新黨散布長江流域。第與軍隊互不相習，致不能揭竿起事。監國時代，親貴用事，軍諮大權掌於紈袴之手。部中主要人員，新舊殽列，習染既深，一朝發難，其禍至不可收拾。余於宣統己酉臘月，履直督任，所轄北洋第二、第四兩鎮，兵力甚強，足以建威銷萌，新黨不便，慫恿京師權貴，收歸部中直轄。監國貿然允之。疆臣職司疆土，直隸尤屏蔽京師。一旦驟失兵柄，其何能淑？疏凡再上，以去就力爭。卒未能收效果。欲另立一鎮，苦於財力艱窘。不得已暫編混成一協。以資控制而濟緩急。

辛亥八月，奉軍入關，與部中直轄之某鎮，於直屬灤州會操。軍諮處某貝勒奉命前往校閱，道出天津。余扶病往謁，聞新黨已向奉軍接洽，約於開操日起事。詎期尚未到，適鄂中某督以嚴緝黨人，辦理操切，激變軍心，先於十九日在鄂省起義，某督倉皇出走，武漢重地突歸黨人之手。警報到京，秋操停止。奉軍某協統遂佔據灤州車站，公然兵諫。乃以所擬憲法十三條，脅朝廷允行。樞府無人主持，不得已交憲政編查館，擬定十七條，翌日告廟。帝位雖存，大權業已下移。時則武昌已失，沿江各督撫聞風而靡，不降即走，粵、湘、齊魯亦復紛紛獨立，僅直隸安堵如常，不為所動。

余病瘍已數月，強起治事。激勵文武寅僚，多方鎮撫。黨人有煽亂滋事者，一經偵察屬實，拿獲到案，嚴懲不貸。奉軍駐灤某統領，揚言率師入京，並來津與余商舉大事。析津士紳與咨議局議員等，聞之生懼，誠恐奉軍一到，擾亂地方，相率數十人來署求見。余適與天津鎮張君懷芝、督練處總參議舒君清阿籌議兵事，聞彼等已集前廳，即請一體入見。某巨紳首倡言，余坐鎮天津，軍民愛戴，地方蒙福。但自武昌起事，曾不幾時，各省均已獨立，直隸首善之區，乃各省領袖，聞風興起轉在他省之後，如人格何。請余俯順潮流，從權獨立。不過易一名義，一切治軍行政，仍由余主管，決不干預。但求提高直省人格，兼免黨人攻擊等語。一倡百和，情形激烈，有立待解決，遲則生變之勢。

余笑應之曰：「君等所言，余亦熟思至再。武昌起義，各省獨立，潮流所屆，亦豈不知。但直隸情形與各省不同，豈能獨立？」某巨紳大為詫異，詰余不同之故。余謂：「各督撫管理該省之事，獨立與否，能自主之。直隸範圍最廣，包括北京在內。北京現有皇上，如此大事，必須秉承諭旨，豈能效各省，私自獨立？」某巨紳云：「此層我等何嘗不知。」余曰：「君言是也。前日已奉旨，將來國體應否更改，俟開國會時公諸輿論。煌煌詔諭，中外皆知。此事稍遲，必有辦法，目前尚談不到。余忝任直督，當此人心不靖之秋，惟以保衛地方為宗旨。勿論新黨舊黨，或官或紳，遇有作亂犯上，擾害地方者，殺無赦。他非所知。」張總戎起而言曰：「予係武人，只知帶兵，不知憲法為何事。『獨立』二字，更不知從何說起，某作天津鎮，津地治安係某之責。制臺本駐保定，近二十年來改駐天津，保護制臺，尤我之責。有人破壞天津，侵害制臺，某惟以兵力制伏。」《天津條約》：租界附近不得駐兵。二十里以外已嚴陣以待。該紳等以目相視，默然不語。復曉之曰：「余與張鎮臺之言，諸君想已聽悉。刻間，惟有官紳一體，妥籌保衛地方之事。津地華洋雜處，毗連租界，無險可扼。黨人倘無知妄逞，諸君一味盲從，難免匪徒不乘機肇釁。余責在守土，惟力是視。萬一力有不繼，何惜一死以報國。總督為一省長官，不幸以死塞責，試問津郡治安，何人擔負？勢必紛紛擾擾，戈刃相尋。諸君不獲黨人之利，先受黨人之害。回憶庚子一役，津民受虐最酷，創深痛巨，竊恐再見於今日矣。」言未竟，某巨紳矍然曰：「效死一節，於今非宜。惟求大公祖政躬康復，保艾津民。即事到危急之時，文信國成仁取義之言，亦可不必拘泥，千祈以地方為重。」遂相率嗒然而退。

日已向夕，津橋南段巡警已被煽惑，袖纏白布，乘機思動。所幸北段巡警，由練軍改編，管帶劉君錫鈞係江蘇舊屬，忠事於余。得以互相箝制，不至生變，然已殆哉岌岌。直隸一省，於全國分崩離析之秋，卒能烽火不驚，誠屬徼天之幸。直至遜詔將下，余適乞病獲請，得以完全疆宇還之朝廷。痛定思痛，有餘恫焉。一臥滄江，歲序忽周一紀。海桑陵谷，萬事皆非。衰病餘生，不圖於劫火灰中，重溫舊夢。自今以往，為元遺山之憂憤歟？為楊鐵崖之曠達歟？抑求為文信國不獲，而姑以仁義兩言留作千秋正氣歟？余不能自知。今之人亦不我知。後世倘有知我其人乎，則其我知視我之自知，為較真切已。

# 辛亥以後事不忍記載

辛亥十二月，余在直督任內乞假得允，移寓津沽德租界養痾。越歲八月，就醫南來，既在滬上作寓公。閉門卻埽，萬事不關。迄今歲甲子，匆匆已十三年。此十三年中，約計上至總統及閣員，外而督軍、省長，非當年部曲，即舊日寅僚，從不願以尺牘往還，借通情愫。一切目見耳聞，離奇怪異，幾不知人間有羞恥事，不屑筆之記載，污我毫端。蓋三綱五常之淪斁久矣。本年十月，忽有馮玉祥反戈入京，廢斥總統，波及皇室，冒大不韙，致有倉卒逼宮之事。噩耗傳來，無中外，無男女，無少長，均斥其荒謬絕倫。余臥病滄江，聞之尤為憤懣。時段芝泉（祺瑞）徇各方之請，入京執政；張雨亭（作霖）躬率勁旅，戰勝入關。主持公道，於兩君是賴。

爰會合海上諸遺老。公電京榆兩處，作秦庭包胥之哭。其文曰：「報載，京政府以閣令擅改優待皇室條件，迫遷乘輿，逼索宮禁；眾情皇駭萬狀。辛歲遜政，優待本屬國民公意。此項條件昭告中外，為民國成立公據，屢更政變，恪守不渝。若一二人可任意推翻，則何法可資遵守？影響極大。芝公群倫屬望，綜領機鈐；雨公倡義興師，奠安畿輔。必先堅守盟約，俾天下信其可恃，大局方易維持。切盼先行電京，速復優待皇室原狀，免致根本動搖，人心疑懼。全國幸甚。夔龍等庚叩」等語。嗣得雨帥覆電云：「庚電誦悉。優待條件載在盟府，本諸輿情，凡屬國人，同此心理。敝軍行師討賊，不願干政，夙有宣言。前驅甫及津沽，距京尚遠。都門近日舉動，事前毫未預聞。辱承垂諉殷拳，頗苦無從置喙。不日海內明達群集論政之時，當能主持公道也。作霖佳叩。午印。」言外之意可耐尋繹。段雖無覆電，聞對天津遺老言，自任力為保護。迨入京後，首先撤退防守醇邸衛兵，一切得以自由。第閱昨日各報，聖駕已駐蹕東交民巷日本公使署中，脫險難而入坦途。此後惟祈各友邦之共同保護而已。余草筆記訖。不忍載辛亥以後之事，僅載此條以增余痛。而夫己氏之肉，詎足食乎！

甲子十月十五日記

血歷史122　PC0735

新銳文創
INDEPENDENT & UNIQUE

# 晚清重臣陳夔龍回憶錄：
## 夢蕉亭雜記

| | |
|---|---|
| 原　　著 | 陳夔龍 |
| 主　　編 | 蔡登山 |
| 責任編輯 | 劉亦宸 |
| 圖文排版 | 周妤靜 |
| 封面設計 | 蔡瑋筠 |

| | |
|---|---|
| 出版策劃 | 新銳文創 |
| 發 行 人 | 宋政坤 |
| 法律顧問 | 毛國樑　律師 |
| 製作發行 | 秀威資訊科技股份有限公司<br>114 台北市內湖區瑞光路76巷65號1樓<br>電話：+886-2-2796-3638　傳真：+886-2-2796-1377<br>服務信箱：service@showwe.com.tw<br>http://www.showwe.com.tw |
| 郵政劃撥 | 19563868　戶名：秀威資訊科技股份有限公司 |
| 展售門市 | 國家書店【松江門市】<br>104 台北市中山區松江路209號1樓<br>電話：+886-2-2518-0207　傳真：+886-2-2518-0778 |
| 網路訂購 | 秀威網路書店：https://store.showwe.tw<br>國家網路書店：https://www.govbooks.com.tw |

| | |
|---|---|
| 出版日期 | 2018年5月　BOD一版 |
| 定　　價 | 280元 |



**Printed in Taiwan**

國家圖書館出版品預行編目

晚清重臣陳夔龍回憶錄：夢蕉亭雜記 / 陳夔龍原著；蔡登山主編. -- 一版. -- 臺北市：新銳文創, 2018.05
面；　公分. -- (血歷史；122)
BOD版
ISBN 978-957-8924-12-3(平裝)

1.晚清史 2.史料

627.7　　107005763

# 讀者回函卡

感謝您購買本書，為提升服務品質，請填妥以下資料，將讀者回函卡直接寄回或傳真本公司，收到您的寶貴意見後，我們會收藏記錄及檢討，謝謝！
如您需要了解本公司最新出版書目、購書優惠或企劃活動，歡迎您上網查詢或下載相關資料：http:// www.showwe.com.tw

您購買的書名：________________________________

出生日期：________年________月________日

學歷：□高中（含）以下　□大專　□研究所（含）以上

職業：□製造業　□金融業　□資訊業　□軍警　□傳播業　□自由業
□服務業　□公務員　□教職　□學生　□家管　□其它____

購書地點：□網路書店　□實體書店　□書展　□郵購　□贈閱　□其他

您從何得知本書的消息？

□網路書店　□實體書店　□網路搜尋　□電子報　□書訊　□雜誌
□傳播媒體　□親友推薦　□網站推薦　□部落格　□其他________

您對本書的評價：（請填代號　1.非常滿意　2.滿意　3.尚可　4.再改進）

封面設計____　版面編排____　內容____　文／譯筆____　價格____

讀完書後您覺得：

□很有收穫　□有收穫　□收穫不多　□沒收穫

對我們的建議：________________________________

________________________________

________________________________

________________________________

請貼
郵票

11466
台北市內湖區瑞光路 76 巷 65 號 1 樓
**秀威資訊科技股份有限公司** 收
BOD 數位出版事業部

（請沿線對折寄回，謝謝！）

姓　　名：＿＿＿＿＿＿＿＿＿＿　年齡：＿＿＿＿　性別：□女　□男

郵遞區號：□□□□□

地　　址：＿＿＿＿＿＿＿＿＿＿＿＿＿＿＿＿＿＿＿＿＿＿

聯絡電話：(日)＿＿＿＿＿＿＿＿＿＿　(夜)＿＿＿＿＿＿＿＿＿＿

E-mail：＿＿＿＿＿＿＿＿＿＿＿＿＿＿＿＿＿＿＿＿＿＿